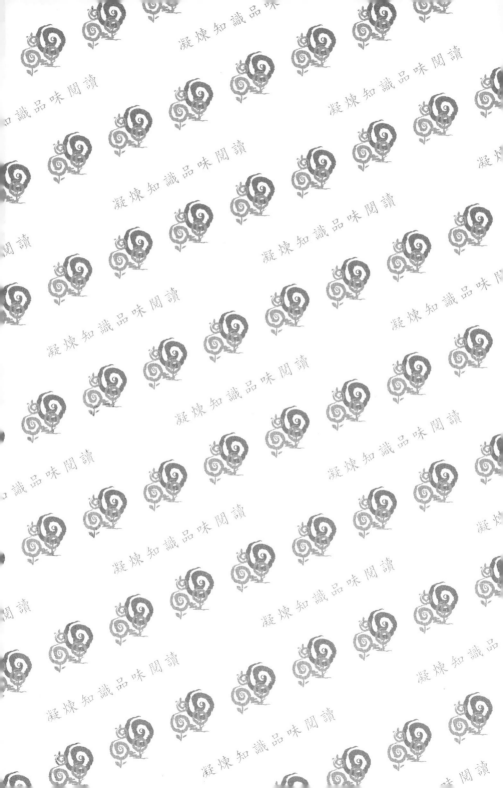

從親子互動脈絡看華人性格的養成

五南圖書出版公司 印行

導 讀　Review

　　本書系包含三本書：我的《儒家文化系統的主體辯證》、鄭伯壎的《華人領導的十堂必修課》和葉光輝的《從親子互動脈絡看華人性格的養成》。我們之所以會撰寫這三本書，是因為科技部希望歷年得過科技部「傑出研究獎」的人文及社會科學研究者，將其研究成果寫成一本「大家看得懂」的科普作品，以介紹其施政成效。我自忖心理學門得過此一獎項的學者，大多參與過「華人本土心理學研究追求卓越計畫」，因此協調鄭、葉兩位教授，三人同意撰成此一書系。

　　從1980年代初期，我在楊國樞教授的號召下，積極參與「社會心理學本土化運動」後不久，便已經察覺到：國內社會科學研究長期處於低度發展的狀態，主要原因在於研究者對於西方科學哲學的發展缺乏相應的理解。

　　西方自啟蒙運動發生之後，各門學科的發展和科學哲學的發展之間，便存有一種「互為體用」的關係：隨著各種不同科學的發展，總有一些哲學家不斷地在思考：到底什麼是科學？而成為所謂的「科學哲學」。科學哲學的發展又可以回過頭來，引導科學研究的方向。Lakatos（1978）因此在他所著的〈科學史及其合理重建〉一文的開頭，寫下了一句不朽名言：「沒有科學史的科學哲學是空洞的，沒有科學哲學的科學史是盲目的。」

《社會科學的理路》

　　然而，十九世紀以來，華人留學生在吸收西方文化的過程中，大多只專注於學習各種不同的「科學」，而很少注意科學哲學的演變；更少有人嚴肅思考科學哲學的發展和科學研究之間的關聯。長期盲目移植西方學術研究典範的結果，便使得國內各門科學研究的發展顯得既空洞，又盲目。

看出了問題的癥結，我開始提倡：本土心理學運動必須以科學哲學作爲基礎。1990年代初期，臺灣的本土心理學運動發生路線之爭。爲了解決心理學本土化運動所遭遇的各項爭議，也爲了讓年輕學者瞭解西方科學哲學的演變，我以十餘年功夫，撰成《社會科學的理路》，介紹二十世紀裡十七位有代表性的科學哲學家對於本體論、知識論和方法論的主張。這本書分爲兩大部分，前半部所討論的「科學哲學」，主要是側重於「自然科學的哲學」，尤其強調由「實證主義」到「後實證主義」的轉變；後半部則在論述「社會科學的哲學」，包括結構主義、詮釋學和批判理論。由於包括心理學在內的許多門社會學科，都同時兼俱「自然科學」和「社會科學」的雙重性格，今天要想解決本土心理學發展上的難題，必須採取「多重哲學典範」的研究取向，針對不同性質的問題，採用最適合的科學哲學來尋求其解決之道。

　　從2000年起，我開始擔任教育部「華人本土心理學追求卓越計畫」總主持人。在該計畫執行之初，我們即訂下一條自律規則：四年計畫執行完畢，每一子計畫至少必須在國內、外學術期刊各發表兩篇論文。四年過後，「追求卓越計畫」交由科技部接力，原先的23個子計畫能達到此一標準者，只剩下八個，這三本書又是這八個子計畫中的三個產生出來，因此，它們可以說是我們經過「千錘百鍊」後的成果。

　　在執行該一計畫兩期的八年期間，我不斷殫精竭慮，思索如何解決心理學本土化所遭遇到的各種難題。該計畫結束後，我整合相關研究成果，撰成《儒家關係主義：哲學反思、理論建構與實徵研究》一書（黃光國，2009），翌年提出「自我的曼陀羅模型」（黃光國，2009；Hwang, 2011），我的思想才算完全

成熟。

　　西方的學術一向是在「批判與辯證」中發展的，尤其像「本土心理學」這樣新興的領域，既要瞭解西方心理學的研究，又要瞭解自身的文化傳統對於相關的議題，必須禁得起有不同學術背景的學者從不同的角度，反覆論證，直到雙方「視域融合」為止。1993年，楊國樞教授在籌備出版《本土心理學研究》期刊的時候，我建議他在這個期刊開闢「靶子論文」的專欄，任何一位研究者在從事本土心理學一段時間之後，可以將他的研究成果及心得寫成一篇回顧型的論文，由《本土心理學研究》邀請相關學者來「打靶」，從各種不同的角度對靶子論文進行批判，同時被批判的人還要針對他人的批判進行回應。葉、鄭兩位教授曾經分別以〈華人孝道雙元模型研究的回顧與前瞻〉和〈家長式領導：回顧與前瞻〉為題，寫過靶子論文，我也曾經針對他們的研究取向，分別寫〈從「儒家關係主義」評「華人孝道雙元模型」〉和〈「機制」與「中介變項」：本土心理學研究的判準〉兩篇評論。

　　我所寫的《儒家文化系統的主體辯證》一書，提出所謂主體的四層不同涵義，並且反省國內本土心理學研究的五種文化主體化策略，讀者們不妨比較我們三人所採取的「文化主體策略」，並思考我們所採取的策略，可以實現哪一個層次的「主體」？

　　臺灣地區的本土心理學經過三十幾年的發展，已經清楚認識到：任何一個學術運動，一旦找到了自己的哲學基礎，便是找到了自己的「道」，這個學術運動便已邁向成熟階段，而逐漸脫離其「運動」的性格，除非有人能找出更強而有力的哲學來取代它。

華人心理學本土化運動邁向成熟之後，下一個目標就是總結其成功經驗，繼續推展社會科學本土化運動。目前主流社會科學中絕大多數的理論都是建立在「個人主義」的預設之上，而非西方的文化，大多不是「個人主義」，而是關係主義的。倘若我們懂得如何以「關係主義」作爲預設，建構理論，我們便可以建構出一系列的「科學微世界」，來和西方「個人主義」的理論競爭，其最終目標則是以儒家文化作爲基底，吸納西方近代文明的菁華，「中學爲體，西學爲用」，擺脫西方學術的宰制，建立「儒家人文主義」的自主學術傳統。我希望本書系的出版能夠有助於這個目標的達成。

國家講座教授
黃光國
於高雄醫學大學

自序 Preface

　　一般人雖普遍對心理學知識感興趣，但由於它原本就是根植於西方歐美文化的現代學科，即使是相關系所的學生，也有不少人對「本土心理學」的研究範疇與內容十分陌生。為了讓一般大眾及相關科系初學者都能在閱讀時找到合適的切入點，本書特別選擇以「性格研究」為主軸來介紹華人本土心理學。一方面，瞭解自己與周遭人的性格是一般人在生活中最關切的心理學議題之一；另一方面，在當前認知神經科學蔚為主流的心理學發展趨勢下，許多修習過性格心理學課程的本科生也不知如何將之運用於日常生活中；而以腦生理機制為焦點的思考模式也侷限了臺灣學生對性格之「文化差異」的理解與討論深度。因此，本書特別將幾個運作於華人文化脈絡下的本土心理學概念稱之為「脈絡化性格變項」，這不僅是嘗試以西方心理學語彙轉譯華人本土心理學概念的性質，以減少各種文化刻板印象對理解華人獨特本土概念內涵的干擾，更希望在常見的傳統本土概念（孝道、中庸、緣等）之外，能拓展其他可反映華人性格特色的概念類型。

　　本書共分為六章，主要根據華人以親子角色結構作為社會關係原型的文化特性，解讀反映華人性格心理運作的關鍵成分。第一章先以性格心理學為主軸，簡介近代心理學史上三次重要的知識變革，並重新轉換華人本土心理學概念的性質。這樣的開頭設計有以下考量：首先，華人本土心理學這一研究領域的形成原就鑲嵌在西方心理學發展過程中，它是透過批判西方心理學理論建構背後的思維觀點逐漸確立自身正式的學術定位；當對心理學發展史的輪廓先有個基本印象，可讓一般讀者更容易掌握華人本土心理學的特色。其次，本書介紹的本土心理學概念及理論，與一般人對心理學的想像（例如：研究潛意

識、人格病態者等）出入較大，將這些華人生活中常見的文化概念與議題轉化爲理解人們性格養成過程的線索，應該有助於讀者進入本書的探究主題。第二至四章，依序介紹筆者針對孝道、自主能力、親子衝突轉化行爲模式三項議題所提出的本土性格理論，及其在當代華人生活中的相關應用狀況。這三項議題除了反映出在華人文化脈絡下，個體透過親子互動情境逐漸形成並展現出個人性格運作差異的三種關鍵面向——與父母互動的基本行爲動機或指引原則、在親子關係中發展與實踐個人意志的心理平衡能力，以及子女面對親子衝突時對父母角色權力的因應模式；它們也彼此交織構成華人性格養成的基本圖像。第五、六兩章則是統整三個本土性格理論背後的思考理路，協助讀者穿透具體的性格知識內容，洞見本土心理學所致力處理的「文化與心理的交互關聯」；這兩章雖然相對較爲抽象，卻更接近科普傳播的核心訴求，畢竟科學的本質即是一套思考邏輯，任何被視爲「眞理」的知識內容、觀點，未來都有可能被修正或推翻，與其獵奇式的報導新知或提供各種固定的標準答案或觀念，更重要的目的是讓讀者慢慢熟悉科學思考的步調與研究的遊戲規則。

本書花了不少篇幅介紹理論，即是希望讀者能眞正「知其然，亦知其所以然」，逐漸轉換對周遭人性格與心理狀態的思考與判斷方式，眞正成爲在日常生活中能主動挖掘問題、破除文化迷思的業餘性格心理學家。至於各章最末的「重點便利貼」專欄，主要是將該章較重要或特殊的觀念以較輕鬆的形式進行補充說明，加深讀者對訴求內容的理解。最後，本書能順利完稿，要特別感謝科技部在推廣臺灣本土研究與科普閱讀上的用心，以及五南圖書出版公司陳念祖副總編輯與相關編務人員在

書系方向規劃、科普寫作形式上的諸多建議，還有在本書撰寫過程中協助蒐集與整理相關資料的曹惟純助理，他們對於全書如期完稿都具有莫大貢獻。期望本書的付梓，能爲臺灣讀者帶來不一樣的心理學知識。

葉光輝

於南港中研院

2016/8/17

目錄
Contents

第 1 章
心理學世界的任意門：
性格心理學

CHARACTER

心理學世界的任意門：性格心理學

性格心理學：連結大眾與專家的任意門

心理學或許是一般人最感興趣且最貼近日常生活的一門科學，看看以下幾則臺灣媒體的新聞標題[1]：

【坦誠的人較有音樂天分（華人健康網2015年11月2日）】

【研究：調皮的小孩多具有CEO基因！（自由時報電子報2015年11月6日）】

【如果你喜歡「吃苦」心理學研究：疑有虐待和自戀傾向（東森新聞網2015年10月16日）】

這些報導內容雖然分別被歸類在醫藥新知、生活、新奇等不同的新聞類型之下，但同樣都摘錄自歐美心理學期刊中的最新研究，也就是它們都屬於心理學的研究內容。若再更仔細分析則可發現，這三篇報導內容其實都與性格心理學這一次領域有關，除了研究主題涉及了探討某種特定的個性——坦誠、調皮

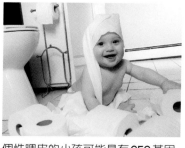

個性調皮的小孩可能具有CEO基因

或自戀，更針對這些內在個性特徵與外在行為表現可能的連結提出說明，例如：對食物口味的偏好和性格傾向之間的關係。或許正因為一般大眾對於心理學的主要印象是——透過解讀各種不同形式的外在行為線索來「透視」人們真實的內心狀態、個性，使得各種與性格相關的研究常雀屏中選成為媒體報導的主題。

　　上述三則新聞所介紹的研究還有一個共通點，它們都使用了性格心理學領域最常見的研究工具——可測出個人特質的性格量表。其實心理學研究中最常使用的工具，並非可檢測基因、追蹤腦神經活動的高科技儀器，也不是電影中常見的精神分析，而是像考卷一樣充滿文字陳述題目與數字選項的「心理測驗」，這些測驗也包含專門用來測量個人性格特質的性格量表。一般人對於「心理測驗」或許並不陌生，甚至或多或少都做過一些測驗，雖然媒體上各式各樣盛行不衰的「心理測驗」和心理學者編製的各種性格量表有著相似目標——對人進行有意義的基本分類，但兩者的內涵與原理卻還是存在明顯差異。

　　坊間所謂的心理測驗多半只以一題故事化、趣味化、圖像化的單選題就判定填答者的性格類型，並且通常要求作答者憑直覺做出選擇，不必仔細思考；然而，基於心理學理論和統計分析技術編製而成的性格量表，除了題數較多、題目內容皆是文字陳述之外，還要求作答者必須仔細思考判斷、誠實選擇最符合自己實際情況的答案。為了確認作答者是否認真回答，有些性格量表甚至還會設計測謊題，以便事後篩選出只是胡亂勾選答案的作答者。表 1-1 從心理學界著名的

大五性格量表（Big Five）中節選出部分題目供讀者參考，前述三則被報導的研究都有使用大五性格量表來測量所要討論的性格特質。在瞭解坊間通俗心理測驗與學術領域專業心理測驗之間的差異後，多數人通常會覺得還是遊戲式、直覺反應式的心理測驗比較好玩，由於不知道測驗目的是什麼，一旦得知結果往往會覺得特別準；而心理學研究所用的性格量表，充滿各種對性格內容的描述，說穿了就只是靠作答者對自己本身性格的理解來蒐集答案，但這樣真的能知道每個人真正的性格嗎？不過，「重視一般人對性格的看法與判斷」，其實正是性格心理學的特點。

表 1-1　大五性格量表題目範例

	非常不同意					非常同意
我不是一個愛煩惱的人。	0	1	2	3	4	5
我喜歡很多人在我周圍。	0	1	2	3	4	5
我不喜歡浪費時間去做白日夢。	0	1	2	3	4	5
我寧願與人合作，而不願與人競爭。	0	1	2	3	4	5
我不是一個做事有條理的人。	0	1	2	3	4	5
我常覺自己不如別人。	0	1	2	3	4	5
我的生活節奏很快。	0	1	2	3	4	5
別人對待我的方式常使我感到憤怒。	0	1	2	3	4	5

註：此為大五性格量表的中譯編修版，僅從中節選少數題目提供參考。

性格心理學對於知識的界限持較開放的態度，甚至認為每個人其實都像是業餘的性格心理學家，並特別提出「內隱性格理論」概念，以此說明一般大眾內心裡隱約都有一套用來知覺、理解、解釋或預測周遭人的性格、行為、動機的個人常識系統，這套常識系統就像是某種比較鬆散、不夠成熟的性格理論。儘管正式的性格心理學理論不能只基於對周遭少數人的觀察或互動經驗，而必須涵蓋各式各樣不同性質的人，並通過有系統的科學驗證，才能「暫時」被學術社群接受（畢竟任何研究結果都仍存在被修正、推翻的可能性）；但聚焦於研究「個別差異」，嘗試建立一套足以區隔人們在心理與行為傾向上有何異同的分類架構，不僅是性格心理學本身的最大特色，也使其儼然成為一般人印象中最能代表心理學的知識內容。

不過，性格心理學其實只是心理學世界中的一小部分。與其他學科相較，心理學的次領域數量眾多，且不同次領域在研究對象、主題，乃至於知識論與方法論上存在極大差異。例如：生理心理學可能以大白鼠為對象研究恐懼情緒的神經心理機制、發展心理學則以學齡前兒童為對象研究某種特定語言能力的發展歷程、社會心理學則以一般大學生為對象探究性別偏見或人際親密關係的運作機制。雖然這三種不同次領域的專業知識都統稱為心理學，但彼此間更接近像隔行如隔山的狀態，相互間的交集並不多。在實際的學術生態中，生理心理學與醫學、生物科技領域的合作更為密切；發展心理學則與幼兒教育、特殊教育領域有更多的相互交流；至於社會心理學則與社會學、文化人類學等關注情境脈絡因

素如何型塑個人心理與行為展現的學科有更多交集。此種不同次領域之間隱形的知識隔閡，或許正來自於多數心理學知識往往只專注於探討某些特定行為（例如：涉及與他人互動的社會行為、成癮行為等）或單一的內在心理運作歷程（例如：視知覺、短期記憶系統、注意力等）。相形之下，聚焦於探討「個別差異」的性格心理學，不僅以「完整的個人」作為研究對象，更試圖瞭解個體內在心理運作的各種成分、歷程如何組織、相互影響，進而形成可反映出個別差異的整體行為傾向。因此，不同次領域心理學的知識，最終都可能找到合適的角度匯聚、統整於性格理論或研究中。

從本章開頭摘錄的「調皮的小孩多具有CEO基因」這則新聞標題不難看出，生理心理學的基因研究、發展心理學對於成長歷程中跨時間變化的研究、社會心理學對團體領導的研究，可藉由調皮、領導力等性格概念架構相互串聯、結合。性格心理學之所以在生活與學術場域都廣受重視，絕不只是因為內容簡單易懂、平易近人，而是因為它始終以各種貼近生活原貌的議題與概念化方式處理個別差異，自然能夠歷久彌新。翻開任何一本正式的性格心理學教科書就像在閱讀一部心理學簡史，從精神分析、行為主義、人本論，乃至晚近的社會認知論、文化心理學、正向心理學等取向，都可納入性格心理學理論的工具之列。

近年來腦科學逐漸成為心理學界的熱點，在華人學術社群中也愈來愈常見到有人使用「腦理學」一詞來反思「心理學」的本質與未來走向，性格研究在心理學中的代表性位置是否終將被科普界大量湧現的腦科學發現所取代？以下將從

心理學史的角度介紹性格次領域與心理學這門學科的發展有何連結，特別是當代心理學近期幾次重要的知識轉向中，性格心理學發揮了哪些作用。

性格理論：回溯心理學知識演進的任意門

誠如艾賓浩斯（H. Ebbinghaus）在《心理學綱要》（*Psychology: An elementary textbook*）一書開頭所言：「心理學的過去源遠流長，但其（作為一門科學的）歷史卻很短暫。」（Psychology has a long past, but a short history.）心理學寄居於哲學領域下的長遠過去，使其研究範

現代心理學之父——馮德

疇涵括了大量涉及探究人性本質的複雜議題。自 1879 年現代心理學之父馮德（W. Wundt）在德國建立心理學實驗室後，科學方法取向的心理學開始迅速發展，除了基於研究議題不同而形成多元化的次領域，它也受到不同時期、社會中各種思潮的影響，演進出許多不同的學派或取向。

早期的心理學以歐陸為發展核心，在剛萌發的科學取向之下，仍帶著豐厚的人文意涵，例如：以馮德及其學生鐵欽納（E. Tichener）為代表的結構學派，即是以德國的心理物理學為基礎，在實驗情境下透過內省法來研究意識的內在結

構；以佛洛伊德（S. Freud）為首的精神分析／心理動力學派則以維也納為根據地，吸引了眾多歐洲當時學者相繼投入，後續更發展為跨領域的社會思潮，迄今仍是西方文學批評的重要理論之一。而強調「整體大於部分的總和」的完形學派（或稱為格式塔派），則直接以德文Gestalt（意為形狀、型態、動態中的整體）命名，主要探討知覺透過哪些組織原則將外界刺激統整為有意義的整體，在視覺藝術上應用甚廣；曾在臺北故宮展出的錯覺藝術大師艾雪（M. C. Escher）的作品，就可看出不少根據完形法則的巧妙運用。

　　這些早期的心理學派別於二十世紀初流傳到美國後，仍呈現各家紛雜並立的發展狀態，直到美國心理學家華森（W. B. Watson）所倡導的行為主義興起，在追求純粹客觀的科學知識以達成對人類行為的精準預測、控制這一訴求目標下，心理學研究的主流也轉向「可直接觀察、測量與驗證的外顯行為」，而不再僅關注個人內在的意識結構或心理歷程。而後由於行為主義盛行近50年，心理學的主要發展重心也開始轉移至美國學界，二十世紀中期人本主義、認知取向心理學的形成，某種程度上都是針對行為主義過度重視「刺激—反應」的連結提出批判。晚近興起的文化取向心理學、腦科學，也都和美國學界本身的發展脈絡息息相關，例如即有學者認為：相對於歐洲心理學界長期以來承襲的文化科學、辯證科學傳統，「文化心理學」概念之所以會被提出，可以說是對標準的美國心理學現象的反省[2]。整體而言，科學心理學的發展大致呈現起源於歐陸。隨後在美國發揚光大之軌跡，至於目前國內各大學體系下所教授的「普通心理學」，基本上是

以馮德提倡的科學心理學為源頭,可說是一門相當年輕且根植於西方文化(特別是美國)的現代學科。

為了能更清楚地讓讀者掌握性格心理學的特徵,以下將從當代心理學最重要的三次知識轉向來說明性格研究在心理學知識進展過程中的角色:

首先介紹**心理學的認知轉向**,其發生脈絡主要是對行為主義取向心理學提出批判,行為主義學派大將史金納(B. F. Skinner)是極端的外在環境決定論者,認為人們只是被動接受外在情境或刺激事件的影響,然後逐漸型塑出特定的行為模式。因此,行為學派致力於找出「刺激」與「行為反應」的連結規則,但並不關心在刺激與最後表現出的外顯反應行為之間,究竟經過了哪些內在心理歷程,因為這些心理歷程無法直接觀察或測量,不適合作為科學研究的主題,就如同「黑箱」一樣。而認知取向的心理學,就是轉向探討原本被隱匿於「黑箱」中的心智運作歷程,包含注意力、記憶、思考等一系列認知功能,並強調個體心智處理歷程對解讀外在情境線索及表現外顯行為的重要性。不過,從心理學史上對於「內在心理特徵 vs. 外在情境事件」對外顯行為影響效果孰優孰重的爭論來看,認知轉向其實只是與行為學派持對立觀點,而提及整合個體內在心理特徵與外在情境線索對個體外顯行為之交互影響的觀點,則必須介紹兩位社會認知論取向的性格理論大師——班度拉(A. Bandura)與米歇爾(W. Michel)。

受到心理學認知轉向思潮的影響,班度拉致力於探討「自我歷程」,包含個人的目標設定、對自我的評價,以及對

第1章
第2章
第3章
第4章
第5章
第6章

歐巴馬和班度拉的合照

自我表現能力信念如何影響個體的學習與外顯行為歷程，這些成分雖也是一種「內在認知思考歷程」，但並非單純的認知功能（例如：記憶力的廣度），而是結合了個人性格特徵的認知成分，例如：對自己的信念、想法。此外，班度拉不只是單獨分析個體內在的認知思考歷程，相對的，他也強調社會情境對人的內在心理歷程與外顯行為的影響，整體而言，他是以「交互決定論」（reciprocal determinism）觀點來解釋個體行為的成因，也就是個體的內在性格特徵、身處的情境、表現出的外顯行為之間的關係，會隨時間的演進不斷地交互影響，三者之間彼此互為因果。以生活中的人際互動行為來說，當你正和一位讓你頗有好感的對象聊天，你可能會保持微笑、顯得很專心，適時配合對方的話題，表現出感興趣或其他正面的回應，以便讓對方也能對你產生好印象。這樣的現象反映出外在情境對外顯行為的影響，也就是聊天對象外表或內在的某些優點或吸引力（這些都可視為情境特徵的一部分），導致你採取特定的行為方式與其交談、表現你自己。但這樣的解釋還不夠完整，在上述例子中，你正在試著理解的那位互動對象，其實也就是你所面對的「情境」的一部分，雖然互動對象的特徵會影響你的表現，但你所做出的行為也可能改變情境的特徵，如果你原本就擅長和

第1章

第2章

第3章

第4章

第5章

第6章

人溝通，那麼對方可能會覺得與你聊天很愉快，和你談話時也會更專注、友善些；換句話說，你能夠靠自己的行為營造出正向的聊天情境。最後，如果你預期的目標達成，外在行為的成功會連帶改變你內在的認知信念、情緒及自我感受，例如：更強化了自己善於社交、容易與人建立關係的自我信念，亦即你的外顯行為又回過頭來影響了你內在的某些心理特徵。在這樣的系統觀點分析下，若僅將個人行為、內在心理歷程、外在情境其中任一成分單獨視為肇因或結果皆嫌不足，必須同時考慮三者之間的整體交互影響。

在交互決定論這一基本觀點下，另一位社會認知論性格心理學大師米歇爾進一步提出認知情感處理系統（cognitive-affective processing system, CAPS）（見圖1-1），以此說明個體內在心理特徵如何形成一套統整的心智運作系統，並對情境的要求產生調節反應，繼而衍生出後續的外顯行為。認知情感處理系統模型提出三項主要論點：

（1）個體的多種認知及情感成分彼此交互串連，形成複雜的心智或性格系統，例如：人的心智系統不只單純地擁有多元目標、能力、預期及評估標準等結構成分，它還會進一步將這些成分與不同的情緒感受相互連結。又如：不同的目標可能引發與不同技巧相關的想法，這些想法又會接續影響不同程度的自我效能感受，而上述這些成分又都會影響個人的自我評估及正負向情緒感受。圖1-1中央的大圓就是個人內在的「認知—情感處理系統」，其內的每個黑色圓點都代表某一種認知或情感成分，這些個別成分之間會交互串連、共同運作。

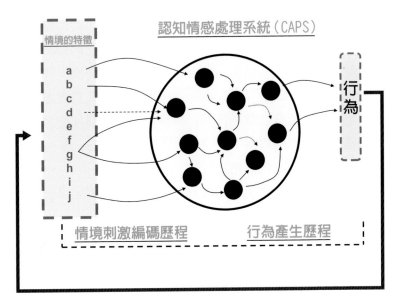

圖1-1　認知情感處理系統（CAPS）中的成分和運作方式[3]

（2）社會情境的不同面向（或情境線索），會激發心智或性格系統中不同的認知與情感成分。圖1-1左側的一系列英文字母代表各種可能存在於生活周遭的情境特徵，例如：在工作場合、在家中、有陌生人在場、與人發生衝突……，而不同情境特徵也可能同時出現，例如：在工作場合發生人際衝突。此外，圖中還有一些箭頭，從代表情境特徵的字母指向中央大圓內的黑色圓點，也就表示特定的情境特徵只會先影響某個特定的認知或情感成分，再由這些被激發的成分繼續串連其他成分。

（3）人的行為反應及表現會隨著不同情境線索的激發而對應調整及改變。圖1-1中，以虛線框起來的部分都屬於可

直接觀察到的外顯內容，左側虛線方框中列出各種生活環境中的情境特徵，右側虛線方框則是個人所表現出的行為，中央大圓所代表的內在心理運作系統則無法被觀察。圖中完整的運作歷程，其實是先由外在情境特徵對內在運作系統產生刺激，再由內在運作系統中受到刺激的認知或情緒成分開始一連串的相互激發，最後讓人表現出某個行為。因此，每個人內在的認知情感運作系統雖然有固定的成分，但其所表現出的任何外在行為反應，其實取決於一開始的情境線索究竟刺激了哪些成分，一旦情境特徵不同，個人的內在運作系統就會產生不同的串連活動，最後出現的行為反應自然隨之不同。不過，由於每個人的認知情感運作系統中各有不同的組成成分，因此，相同的外在情境特徵，在不同人身上可能會引起截然不同的行為反應。

　　上列第2與第3點其實可以用「上班一條蟲，在家一條龍」這個例子來解釋，造成同一個人行為表現模式出現如此巨大差異的原因，正是因為「在辦公室」及「在家」兩種不同性質的情境，會激發他性格系統中不同的認知與情感成分，進而提取出不同的運作知識作為判斷基礎；如果某人被「上班」、「在家」兩種情境激發出的運作知識恰好相反，自然就會形成這種行為反差。當然，對一個與家人關係疏遠、也沒什麼朋友的工作狂而言，他的行為模式就可能剛好呈現相反的形式──「上班一條龍，在家一條蟲」。因此，認知情感處理系統（CAPS）模型的訴求重點，不只是同一個人可能因為不同情境而被激發出不同的行為模式，更重要的是「內

上班一條龍的工作狂，在不同情境下可能會顯現不同的行為模式

在心智系統」與「外在情境線索」之間的對應連結關係會因
人而異，即使同樣是上班情境，不同人解讀此情境的結果也
可能迥然不同，因而促發不同的行為反應。

　　從上述對社會認知論主張觀點的介紹可知，心理學的
認知轉向，使研究者開始關注個體心智處理歷程對解讀外在
情境線索及表現外顯行為的重要性。對認知心理學而言，個
人心智系統就像電腦一樣，不斷進行各種運算處理，好將輸
入的刺激轉換成最終結果；不過，認知心理學次領域主要研
究人類心智系統有哪些基本處理功能，例如：閱讀書本上的
文字時，從透過視覺辨識單一詞彙到認出詞彙意義的歷程，
並強調這樣的基本認知功能在所有人身上的運作歷程完全相
同，它們比較像是人類內建的一些基本套裝程式，主要用來
對外界刺激進行各種必要的處理，但較無法直接反映一般人
在生活真正有興趣的心理現象——人與人之間的個別差異。

真正能將個人內在心理運作系統與外在整體情境刺激，以個人化的方式建立起獨特的連結，仍需要靠性格理論居中銜接。性格心理學家所探究的心智處理系統是一套動態的心理運作系統，它能夠根據個人的性格與習慣，主動因應外在情境狀況的差異或變化，自行調整所要提取的認知（或知識）與情感成分，做出個體自認為最適合的行為反應。

其次則是**心理學的文化轉向**，前文曾提過心理學是近代才從西洋哲學領域獨立出來的年輕學科，當然也是一門根植於西方文化的學科。然而，就如個人成長環境與經驗的差異都可能影響其心理與行為發展，若以更宏觀的方式來看待「成長環境」的內涵，則除了個人的家庭背景、居住地的性質（鄉村或城市）等較常被討論的因素，不同社會文化的影響其實也包含在成長環境之中，只是其影響效果是透過一套周遭人共同重視、不斷透過行為實踐的價值意義系統滲透在生活中。它往往讓人習以為常、覺得那是自然而然的道理，除非接觸到不同文化，否則很難感受到所處文化對自己性格的影響。再者，不同社會文化下成長的心理學者，對於同一研究課題或議題，也會有不同的關注面向與訴求焦點；因此，對於該課題或議題所架構出的脈絡意義也就有所差異，接續建構的研究概念與發展的理論訴求重點，自然有所不同。因此，所謂的文化轉向不只是將文化對個人心理的影響納入研究範疇，更認為文化不僅會塑造同一族群成員的基本性格（在此基本性格下才繼續衍生出各種可能的個別差異），更影響了不同族群對心理學知識的建構方式與內容。

前述米歇爾的認知情感處理系統（CAPS）概念（見圖

1-1）說明了：當討論個體的心智或性格運作內涵時，除了考慮同一個人會評估情境的差異，在後續行為上做出相應調整；也需要瞭解任何一種情境都不具有固定意義，而是由解讀者透過自己的觀點賦予意義；除了性格上的個別差異（不同於其他個體的獨特性格）可能影響個人對情境意義的解讀，族群文化差異同樣也會在個人心智或性格系統中形成某些特定的認知與情感成分，只是它們必須透過與其他文化的人們做比較，才能看出各個文化的獨特性。而上述這兩種層次的差異，其實都融合在個人的整體性格運作中。以在宴會說笑話的情境為例，在文化層次的差異解讀是受文化價值觀影響，對歐美人來說，在宴會上說笑話可能是展現自己的幽默風趣、吸引他人注意的機會；對華人而言，這也許是討在場長輩歡心的機會；但對其他文化而言，這可能是欠缺莊重的不得體表現。無論來自哪一文化，所有人也都在個體層次受自己性格特質影響，而對在宴會說笑話這一情境進行其他性質的評估解讀：對內向害羞的人而言，在宴會說笑話可能會是某種引起高度壓力的情境；對友善隨和的人而言，這可能只是普通的社交情境（無論笑話說得好不好都無所謂，只是互相交流認識的機會）；對於擅長交際、炒熱氣氛的人而言，這卻可能是某種競爭情境（一定要說得比其他人都好）等。至於這兩種層次對情境解讀的可能影響，依然是透過個人性格的統整做出最終判斷，例如：某位西方人在歐美社會中遇到有機會在宴會說笑話的情境時，雖然知道大家都將這件事視為展現自己、吸引他人注意的機會，但也可能因為自己原本性格內向、不善交際，即使覺得自己應該有所表現，

卻只感到十分焦慮。

心理學的文化轉向與性格研究密切關聯，因為不同文化族群之間的差異，最容易從雙方成員的整體行為模式加以辨識。從早期對不同國家的國民性格比

個性內向或遇到競爭、處理棘手事情時，均會令人感到不同程度的焦慮

較研究，以及後續一系列針對東、西方文化自我概念差異所提出的理論，其實都是以特定的「性格」概念來反映文化差異。至於文化與本土心理學研究的進展，迄今仍奠基於有關東、西方文化基本性格（也就是自我概念）差異之理論。一般咸認為，在西方個人主義價值系統中所關注的「自我」是一個穩定不變的實體，是以「真我」為核心，追求各種個人經驗、感受的一致性與統合性。因此，西方文化下，自我與他人的界限是相當明確清楚的，也強調統整個人所有經驗與感受的「自我」必然具有與眾不同的獨特性，而自我發展的終極目標就是充分發揮個人潛能，並不斷追求自我超越。然而在華人文化哲學理念中，自我是具有彈性、可變的，是一種個人道德修養的動態發展歷程，是以自我完善及天人合一為終極目標。因此，華人的外顯行為常會有多面性，甚至相互矛盾，這是自我為了回應各種情境要求下的彈性處理；換言之，華人的自我本質是「人倫」的，是鑲嵌在社會關係網絡中，是人際相互依存的，自我與他人之間並無固定界限，

且自我內涵的擴充是將更多人納入自我之中共同考慮，以促進團體及社會的和諧運作。

近30年來，非西方主流心理學家陸續倡導「本土化」心理學研究的用意，即是藉以深切反省西方主流心理學理論的跨文化適用性。在臺灣，華人本土心理學研究的開端，和國民性格的研究密切關聯，但近期主要是以建立華人本土心理學的學術主體性為關注目標。在探討文化差異時，不同文化族群間明顯的行為特徵往往最容易被注意到，而界定這些行為差異的許多基本概念如獨立我、互依我（社會我）也都屬於最基本的性格成分。這是因為文化特徵的差異若要能夠對其所屬成員的行為發生作用，則它必須要透過某些管道及途徑深入人心，讓這些文化信念或價值觀轉變成為個人性格的一部分，如此才能對個體產生效用；因此，心理學文化轉向所探究的議題，終究必須與性格概念連結，才得以提出適切的說明或分析。

第三則是**心理學的腦科學轉向**，亦即轉向探究影響人類心智活動的腦神經運作機制，也就是大腦的運作如何與個人的各種心理功能及外顯行為產生關聯。腦與心智活動間的互動關係，長久以來受到學術界的關注，即使在科學心理學尚未從哲學獨立出來之前，心靈哲學領域就曾提出心物問題（mind-body problem），探討心靈是否只是依賴身體（以當代術語來說也就是大腦）運作所產生的現象。然而，過去對於這兩者關聯所提出的實徵證據，大都只是透過外顯行為表現下所作的間接推論。二十世紀末期，由於現代生物科技對腦部刺激與活動偵測技術的精進與提升，已可以在個人進行各

種心智活動時，同步觀察大腦運作的變化。這種結合腦神經與心智活動的研究趨勢，不僅讓過去對心智活動所提出的各式假設有可能得到更周全的證據，也讓心理學知識顯得更具科學性，因此，腦科學取向在極短時間內就主導了心理學研究的發展方向，影響遍及心理學所有的次領域。

　　腦科學取向的研究建立在一個基本假設上：人類所有的心智活動與功能，或者訊息處理歷程，都是根基於人腦中所進行的神經活動，因此，心智活動歷程和腦神經活動兩者間會有特定的對應關係。當藉由比較不同心智活動作業下受試者展現的腦部活動（包括強度以及區位）的異同，配合外顯行為資料，腦神經心理學家能夠進一步瞭解不同心智活動在人腦中的處理歷程與機制，也更能利用生理、神經活動來探討或是驗證心理學家提出的心智理論是否成立。近來，腦科學研究的探究焦點，也逐漸進展到從神經可塑性的角度說明各種心理與行為表現上的「個別差異」、「文化差異」如何形成。腦科學研究者認為：個別差異與文化差異的形成與展現，主要是透過外在情境脈絡長期回饋或強化，使得個人的大腦針對各種特定日常功能運作歷程，分別形成某些模組化的神經連結。這意味著腦神經運作歷程與功能並非僵固不變，透過外在環境的長期刺激或自身的活動練習，即可看出大腦仍有不少可被型塑的空間。例如：曾有研究利用腦照影技術測量拋球練習活動對大腦結構可塑性的影響，實驗方式是將參與者隨機分為兩組，其中一組學習雜耍，另一組則為控制組（沒有安排任何活動，作為與另一組比較的基準）。學習雜耍組在接續的三個月內要學習如何同時拋擲三個球，三

練習拋球雜耍會對大腦
神經網絡產生影響

個月之後兩組人再回到實驗室進行腦部掃描。該研究發現，學習雜耍者的大腦中和動態知覺有關的部位，其體積顯著增加，這顯示出：和動態知覺有關的大腦部位，在持續進行拋球練習的過程中，為了因應拋球活動的需要，增加了許多神經連結，如此才能讓這部位所負責的功能變得更穩定、迅速。研究者也特別對實驗結果做出以下結論：「與傳統看法相異，大腦的結構並非只有隨著年齡和特殊傷害才會改變。」[4]

如此一來，原本性格心理學根據行為表現或行為後果所提出的不同性格特徵或反應型態，就可被視為是特定日常運作功能在神經結構層次形成的模組化慣性反應。傳統的性格心理學研究，往往只能透過各種不同外顯行為指標，來確認這些基本性格或思考風格類型之間真的存在運作差異。然而在與腦神經科學或腦造影技術資料結合後，就可根據各種腦神經資訊反映出個別差異或文化差異的性格概念，為這些性格概念提供不同來源的實驗證據。

腦科學初期的發展是先建立大腦各部位主要運作功能的完整地圖（例如：掌管視覺、運動、語言等功能的獨立部門分別位在大腦的哪個位置），就類似在認知轉向下，認知心

理學也先致力於探討各種基本認知功能如何依序處理各種外來的刺激訊息。然而，在腦科學的知識轉向下，若要瞭解、說明不同個體在各種生活情境中展現的行為與動機差異，仍需要借助性格理論或概念作為實質的研究主題或指引方向，再根據對大腦各區位功能或神經生理機制功能的基礎知識，設計進一步的驗證方式。

性格研究：想像心理學未來的任意門

在短短數十年內，當代心理學已歷經了認知轉向、文化轉向，以及結合認知心理學與神經影像技術的腦科學取向等重大研究興趣變革。在心理學史線性演進的陳述方式下，心理學研究趨勢的變化與進展，似乎與孔恩所提出的「科學革命」呈現類似特徵，主要是透過不同研究取向在「以新代舊」的競爭形式下進行典範轉移（paradigm shift）──也就是必須針對既有的主流理論系統（包含其對應的研究方法、知識論等）提出全面性的變革或創新，以推動知識的進展。然而，若細察科學心理學知識的演變過程則可發現：固然各學派或研究取向的形成似乎都有特定的批判對象，但心理學的基本發展方向仍持續朝著整合不同研究取向、消融各次領域間的界限邁進。以認知取向為例，即使許多學者持續以「認知革命」一詞廣泛討論這波學術思潮帶來的影響及進階發展，但認知「革命」實質上卻更接近將不同流派所探討的心理運作機制共同納入一套分工複雜的訊息運算系統中，甚至也包含其主要批判的對象──行為主義。美國心理學者辛

茨曼（D. L. Hintzman）即認為認知取向的研究仍承繼了某些行為主義的觀點，且與後期的新行為主義之間有不少共通點或相呼應處[5]；而前一段所介紹的社會認知論（早期被稱為社會學習論），更是行為主義取向的學習理論與認知取向兩種觀點相互融合的重要例證。而目前風行的跨領域整合研究，也讓心理學內部各種次領域之間更密切的交流合作，不難預見心理學知識在未來將逐漸真正整合。然而，各種看起來差異極大的心理學研究內容究竟該從哪裡開始整合起呢？

在當代這幾波新興的心理學思潮下廣為傳播的許多專業術語中，「性格（心理學）」從未成為搶眼的關鍵字。其中認知轉向將個體的內在心智運作歷程類比為電腦的資訊處理系統，而與資訊科技、人工智慧等領域緊密結合；文化轉向則從哲學、人類學、社會學等領域援引了許多炫目深奧的概念與論述，如現象學、詮釋學等以語言晦澀、富含隱喻而聞名的歐陸哲學流派，讓文化取向的心理學和文學、藝術相互交融。而近期方興未艾的腦科學則更依賴一系列精密儀器與醫學影像科技的研發與進展，讓功能性磁振造影（functional magnetic resonance imaging, fMRI）、腦電波圖（electroencephalogram, EEG）、腦磁圖（magnetoencephalography, MEG）、正子輻射斷層掃描（positron emission tomography, PET）、跨顱磁刺激（transcranial magnetic stimulation, TMS）等醫療科技名詞，滲透到各類有關腦科學最新發現的科普報導中。

在形形色色的熱門術語流變之間，其實性格心理學並未真正缺席，而是堅守以「完整的個人」作為研究單位的特

點，一直隱身在這些學術潮流的背後，扮演提供基礎理論與重要議題的角色，為不同次領域或研究取向的知識整合提供更多的契機。以近期研究產量激增的腦科學發展趨勢來說，曾有學者將奠基於腦功能定位的腦科學喻為

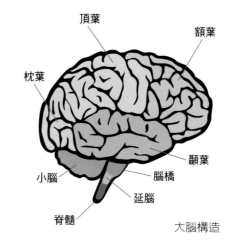

大腦構造

某種新型態的顱相學——一種探討情緒、行為運作與不同大腦（頭骨）區位間對應關係的早期心理學假說，而新顱相學的比喻，主要是批判腦科學可能流於過度簡化心理現象與特定腦區活動之間的關聯。這也顯示出以腦照影技術為導向的研究，在假設驗證上多半需要以其他次領域已發展的相關知識理論作為依據，且腦科學研究結果至多也只能為原本的理論提供不同型態的證據，無法徹底跳過個人有意識的主動思考、決策過程，直接以神經生理的運作解釋個人所有心理與行為的成因，例如：在腦科學的觀點下，戀愛其實只是某些神經傳導物質或特定腦區活動所引發的強烈感覺，至於個人自認為被對方的哪些特點所吸引、經歷哪些過程才確定了自己愛上對方等，都不是腦科學會關注的重點；不過若性格心理學家可發展出合適的概念，來說明人們在感受戀愛對象吸引力時的心理運作有哪些重要差異，這些議題或許就可同時使用腦科學方法加以驗證。

第1章 第2章 第3章 第4章 第5章 第6章

另一方面，認知取向對個人內在心智運作所持的系統觀，和性格研究的討論焦點——「個人內在運作系統如何形成整體、穩定而有差異的心理與行為傾向」，兩者雖有所雷同，但認知取向的研究議題往往聚焦於單一子系統，如：知覺、注意力、記憶、對特定刺激的辨識機制系統，並試圖將認知歷程的分析單位切割到最細，以找出最具體且可呈現直接因果連結的訊息處理機制，此種研究方向和性格心理學以全人為單位的理念仍有相當的差異。近期，認知心理學已逐漸與神經科學合流，更重視從腦生理層面追蹤出特定認知機制的運作路徑，而認知心理學原本所強調的「系統觀」，則在性格心理學領域出現更多接續發展，目前有愈來愈多新型態的性格概念嘗試將「認知」成分納入其中（例如：圖1-1所介紹的「認知—情感處理系統」），這些認知取向的性格概念，其實就是將各個認知子系統的運作特色加以統整後，再將之轉化為可反映出人與人之間個別差異的思考與行為風格；由此也可看出，性格心理學透過各種不斷改良的概念或理論所展現的整合力。

最後，心理學的文化轉向，並不等同將科學心理學帶回哲學領域，而是將科學知識重新扎根於型塑其產出的文化脈絡之中，以突顯心理學位居自然科學與社會人文科學交界處的特色。尤其在全球化時代下，不同社會、國家間的心理學研究社群比以往有更密切的合作，各種理論與研究成果的跨文化適用性不僅愈趨重要，甚至成為彼此交流或進行文化比較的前提。對文化的關注與討論，其實早已不再是「文化相關心理學」（例如：文化、跨文化與本土心理學）獨占的研

究課題，即便是認知神經科學也已開始嘗試處理文化差異對腦神經運作機制所產生的效果。不過，對社會文化情境脈絡的敏感度，以及如何對文化差異加以合適的概念化，皆是性格心理學次領域探討已久且相對擅長的議題。而基於不同文化脈絡提出的各種本土性格概念，例如：基於日本文化提出的「依愛」（Amae）概念、華人文化中「緣」、「中庸」等概念，其實都致力於處理文化與心理之間彼此的關聯，成為文化心理學重要的知識養分和具體研究範例。

至於性格心理學的特點則在於，其所提出的概念或理論皆強調同時兼顧「系統」及其一系列內在成分、運作歷程共同形成的「整體」傾向，以近期新提出的兩個性格相關概念為例：「知識評估的性格構造」這一概念的重點，雖是區分出性格運作中兩類不同的認知成分（知識與評估），但其最終目的仍在突顯對自我的穩定知識、對不同情境意義的動態評估兩類認知成分，如何共同運作而使個人最終得以形成整體而一貫的風格來對不同情境做出對應反應。而清楚地以系統觀點界定性格運作特性的「認知─情感處理系統」概念（見圖 1-1），除了強調認知與情感成分間的連結、社會情境特徵與特定認知或情感成分激發之間的連結，也重視充滿複雜連結的系統運作最終所形成的整體行為傾向，及其所反映出的內在系統穩定性與獨特性。相對於認知科學逐漸與腦科學合流，使內在認知運作系統的研究往更細微的神經生理層次偏移，性格心理學則較關注涵蓋範疇較廣的重要人性議題（例如：經驗與行為如何統整為自我概念、行為的內在與外在決定因素等），以及如何對各種反映內在心理系統整體運作模式的個別差異提出合適的概念或

理論建構，因而它能為不同次領域、研究取向的心理學知識提供更充分的切入點與整合空間。

在心理學知識不斷整合、分裂的過程中，認知神經科學、文化心理學可說是當前心理學界最大的兩股知識體系，兩者也各自集結了其他相近次領域的知識，或許也只有性格心理學可不斷提供兼顧人文／文化意涵與科學方法的研究議題，並將個人內在神經生理機制的運作、外在文化脈絡的影響，共同融入各種可在態度與行為層面反映出個別差異的具體概念中，讓認知神經科學、文化心理學這兩股知識體系有機會在未來得以真正統整。

通往華人心理的任意門：脈絡化性格變項

當掌握性格研究在心理學知識演進趨勢下所展現的特性後，不妨再回過頭來重新思考「性格心理學」的定義。對一般大眾而言，最典型的心理學應該如同特質理論般，建立起一套可區隔出人們個性差異的重要形容詞體系，以便依據不同的個性形容詞來判斷每個人究竟是外向／內向的、友善／防衛的……甚至更進一步找出每個人最具代表性的某種性格傾向。然而，近期也有學者特別呼籲對於性格研究的界定應更寬廣，不再侷限於傳統的特質概念，凡是能適切描繪、預測個別差異的內在心理運作模式都應被視為有意義的性格概念[6]，尤其是各種為了因應某些特別重要且持續存在的生活情境所形成的「脈絡化性格變項」。所謂脈絡化性格變項，指的是針對特定一種情境或社會文化脈絡下所發展建構出來

的性格變項，它不僅能深入描繪個人對各種具體日常情境、事件意義的解讀方式，往往也更接近一般人在生活中與他人互動時，真正想瞭解的「對方的心理狀態」。例如：在西方以夫妻軸為核心的家庭文化下，伴侶關係向來是最重要、親密的人際關係脈絡，基於伴侶關係脈絡特性而提出的「拒絕敏感度」概念，主要以「被對方拒絕」、「關係結束」所衍生的特殊焦慮來描繪個體在伴侶關係脈絡下的性格運作方式。與對任何情境或人際關係都容易感到高度焦慮的神經質性格特質相較，拒絕敏感度除了對於伴侶關係的品質有更高的預測力，也顯現出某些不同於神經質性格的運作方式，例如：拒絕敏感度的運作更為內斂、防衛，常常必須透過各種試探來考驗對方，才得以消除自身焦慮，也更容易形成極端誇大的負面想像（如對方沒有接電話，就認為對方想分手）。可見在大家慣常使用的個性形容詞之外，還有各種能將重要情境因素納入考量，對個人性格表現方式與背後動機提供更詳盡、細緻說明的概念存在。若將這樣的觀點延伸到在華人文化以親子軸為核心的家庭文化下，或許也就不難想像後續第二、三、四章所討論的個體「孝道信念」、「自主能力」及「對親子衝突的轉化行為」等，都可以是結合華人親子關係脈絡特性與子女個別差異的脈絡化性格變項。

而後續三章介紹的三項理論，除了是當代臺灣華人本土心理學研究的成果，更精確地說，它們都屬於在考量華人親子關係文化運作脈絡下所發展出的「本土性格心理學理論」。儘管這三種不同概念乍看之下都不太像是典型的心理學研究主題，甚至讓人感覺有點嚴肅或古老，例如：「孝道」一般被

視為華人的傳統家庭規範，各種研究也多從儒家哲學、史學角度來定義孝道的內涵；而「自主性」則與西方哲學長期關注的個人自我意識、自由意志、道德責任等議題密不可分；至於1925年才正式被提出的「建設性衝突」概念[7]，主要應用於增進各類組織或團體之間利益衝突的相互協商，在管理學或政治學領域皆被視為重要議題。但透過本土心理學的角度重新解讀、界定後，這些概念的性質在理論層次上已轉換為前文所介紹的「脈絡化的性格變項」，其不僅可與影響當代華人日常的親子互動情境緊密結合，反映個體在其中展現的行為模式有何基本差異，更有助於在完整的文化脈絡架構下呈現出華人心理運作的特色，以及有意義的文化差異。

　　臺灣心理學界自1980年代起即開始提倡本土化運動，長期以來持續扮演華人心理學研究的重要根源與推動力量，對於本土心理學的知識本質、方法論累積了眾多論述，也發展出多元化的研究取向。本書選擇略過對本土心理學的定義或其與相近學科（例如：文化心理學、跨文化心理學等）之異同進行說明，而以性格心理學次領域的介紹作為引言重點，其實是希望在通俗心理學與科學心理學之間提供合適的銜接，讓一般讀者更容易透過自身在日常生活中對心理學的想像或興趣，真正進入科學心理學的知識領域，打破單從研究主題來區分學科的思考習慣，並在近期以腦科學為主流的心理學科普傳播趨勢下，拓寬一般大眾對科學心理學內涵與研究成果的認識。最後，在正式進入本書主題之前，再次提醒各位讀者：當在後續章節中看到孝道、自主性、建設性衝突等概念時，不妨先放下對這些概念的既定想法，試著想像這

些概念和「內／外向」、「神經質」等描述性格特質的詞彙並無不同，都只是用來說明人與人之間有意義的「個別差異」；若能把握住這個基本方向，相信接下來的閱讀經驗將讓您慢慢打開心理學的視野。

重點便利貼

孝道信念、自主能力、衝突因應行為──親子互動脈絡下三位一體的華人性格基礎

本書是以介紹臺灣本土心理學中與性格議題相關研究的成果為主旨，但在開宗明義第一章中，卻極少見到本土心理學這一關鍵詞，取而代之的，是大篇幅對西方心理學簡史與性格心理學研究內容的介紹。這樣的設計有兩個原因：首先，本土心理學這個研究領域或研究取向的形成，其實鑲嵌在西方心理學的發展過程中，且透過對西方心理學的批判逐漸確立自身正式的學術定位，最終也被收編進心理學的知識系譜中，逐漸在美國心理學會所建立的心理學次領域分類架構下占有一席之地；因此，對西方心理學史發展輪廓有個基本印象，將有助於一般讀者掌握本土心理學的特色。其次，在筆者的教學經驗中，多數剛入門的學生或非本科系的學生對於華人本土概念的興趣有限，尤其是愈常見、愈具有道德意涵的概念（例如：筆者研究的孝道），不僅與年輕學生對心理學的想像有所出入，也常被認為沉重、古板。因此，先從性格

心理學的角度，將本書所要介紹的本土心理學概念界定為「脈絡化性格變項」，可算是嘗試將源自華人本土心理學概念的性質，以西方心理學能夠清楚理解的語彙來傳達，以減少各種文化刻板印象對於理解這些本土心理概念的干擾。

　　對任何文化來說，親子互動或親子關係原本就是每個人性格養成的根本，在西方理論中，也可找到不少基於親子關係脈絡所衍生的性格運作變項。本書介紹的這三個本土概念的特殊處在於，它們恰好反映出：個體在親子互動情境中逐漸形成並展現出個人性格運作差異的三種基本面向——與父母互動時的基本行為動機或指引原則（也就是對親子關係本質的解讀與對應的行為模式）、在親子關係中發展與實踐個人意志的心理平衡能力，以及子女面對父母角色權力控制衍生衝突時的回應模式。其中，孝道是引導華人子女與父母互動的基本信念與行為原則，第二章所介紹的孝道雙元模型，就是從親子關係所兼具的水平（個體對個體的純粹情感互動關係）、垂直（在家庭結構中具有上下位階差異的角色關係）兩種性質，來說明華人的孝道文化其實是一種對應親子關係結構本質的人性化設計，才得以傳承至今；第三章將要介紹的雙元自主性概念與模型，則是一套內在心理能力運作模式，讓華人子女能在親子關係脈絡中依循個人的意志來滿足、平衡兩種基本需求目標——追求自身獨特

性、情感的緊密連結；至於第四章的親子衝突建設性轉化歷程模型則是有關華人子女如何應對父母角色權力與權威的理論觀點，它在重視家庭和諧的華人文化脈絡影響下，特別強調當子女面臨與父母意見、立場不一致的情境時，能否以促進彼此關係轉化與個體未來發展的方式解決引發衝突的問題。

　　親子關係可說是個體所有人際或社會關係的原型，因此，這三種基於親子互動脈絡下形成的性格概念，也會延伸影響華人在其他人際情境中的心理與行為運作。例如：孝道信念雖是引導子女與父母互動的行為原則，卻也影響個體成長後如何看待各種人際互動對象及雙方關係的本質——也就是個人究竟傾向將互動對象視為具有獨特想法、性格的個體，或更關注對方在彼此關係中所扮演的角色（老師、妻子、同事）是否符合一般人所期待的理想標準，以及他有無能力在這兩種關係本質尋求平衡。而自主能力的發展雖是從與父母的關係開始，但會隨著生命發展延伸到涉及多種「重要他人」（伴侶、朋友、子女、老師、上司等）關係情境的選擇中，影響華人能否在各種日常生活選擇中，依個人意志達成對自身獨特性、情感連結的實踐與平衡。而華人文化對人際和諧的注重，也使其對各種顯性或隱性的人際衝突，以及衝突背後可能的權力結構脈絡更為敏感，從親子衝突中習得的衝突因應模式，對於成年後的家庭與社會適應同樣具

有重要的影響。因此，孝道信念、自主能力、親子衝突因應行為就像是被整合在親子互動脈絡下，以三位一體的形式構成了華人性格的重要基礎。

個體在親子互動情境中展現出個人性格運作差異的三種基本面向，雖可應用於西方文化，但由於文化價值觀的差異，在西方理論中，對應這三種面向所形成的具體性格概念名稱也會有所不同。例如：西方文化下的親子關係本質，及子女與父母互動時的行為原則，是以「依戀」概念為核心，也就是將親子關係的本質視為「照顧者—被照顧者」的關係。由於父母（照顧者）除了在物質層面提供食物等維生資源，也在情緒層面提供溫暖與安全的感受，子女（被照顧者）與父母的互動原則就是盡可能強化彼此之間持續、緊密的連結，而親子間依戀型態的差異，主要反映在子女與父母分離時的行為模式（這也暗示了西方理論中親子關係的理想發展是朝各自獨立的分離狀態邁進），例如：欠缺安全感的類型會以哭鬧阻止父母離開的方式來確保彼此的關係連結不會中斷；有安全感的類型則是能控制自己的焦慮，接受父母短暫離開，並且透過與父母重聚時展現出正面情緒與迎接行為，來強化彼此感情連結的持續性。在西方理論中，「自主性」的主流定義較偏向對行為內在動機的判斷，反而像是「自我認同」概念，對於子女如何從親子關係中逐漸分清人我界限、形成明確自我意識有更

第1章

第2章

第3章

第4章

第5章

第6章

多著墨，較能反映出西方個體「在親子關係中發展與實踐個人意志的心理平衡能力」有何運作內涵。最後，由於西方文化重視「個體性」的養成，並認爲最理想的性格即是成爲不受他人影響、與眾不同的獨特個體，在親子關係中也格外注重對父母角色權力、權威的限制，因此，在西方親子衝突研究中有關性格的探討，多半是從父母「教養風格」、「情緒控制」等概念切入。此外，在西方文化中，親子衝突也只是青少年階段的過渡現象，子女成年後，親子雙方都無權干涉彼此生活，雙方在意見、立場上的不一致只是單純反映雙方有所不同，未必是需要解決的問題；反觀華人父母的角色權力在子女成年後仍持續運作，親子間的任何不一致都可能被視爲需要解決的衝突，甚至子女婚後還可能另衍生出婆媳衝突，因此，在華人文化中更能看出親子衝突對子女性格養成的重要性。

希望此處的補充說明能幫助讀者大致掌握本書主軸，瞭解到不同文化下的性格基礎成分及其養成脈絡會有所差異，暫時跳脫出一般心理學教科書中常見的各種性格概念，換個角度觀察華人性格的表現方式。

註釋

1. 此處引述的三則新聞介紹內容，皆取材於正式發表的學術著作，有興趣的讀者可參見：Sagioglou, C., & Greitemeyer, T.（2016）. Individual differences in bitter taste preferences are associated with antisocial personality traits. *Appetite*, 96, 299-308；Greenberg, D. M., Müllensiefen, D., Lamb, M. E., & Rentfrow, P. J.（2015）. Personality predicts musical sophistication. *Journal of Research in Personality,* 58, 154-158；以及 Li, W. D., Wang, N., Arvey, R., Soong, R., Saw, S. M., & Song, Z.（2015）. A mixed blessing? Dual mediating mechanisms in the relationship between dopamine transporter gene DAT1 and leadership role occupancy. *The Leadership Quarterly, 26*（5）, 671-686.

2. 見宋文里（2001）在其譯作《教育的文化：文化心理學的觀點》中所撰寫的〈譯者導言〉。

3. 圖片出處：葉光輝（譯）（2011）。《性格心理學：理論與研究》（二版），頁349。

4. 見 Draganski, B., Gaser, C., Busch, V., Schuierer, G., Bogdahn, U., & May, A.（2004）. Neuroplasticity: Changes in grey matter induced by training. *Nature, 427*, 311-312.

5. 見 Hintzman, D. L.（1993）. Twenty-five years of learning and memory: Was the cognitive revolution a mistake? In D. E. Meyer & S. Kornblum（Eds.）, *Attention and Performance XIV*（pp. 359-391）. Cambridge, MA: The MIT Press.

6. 見 Benet-Martinez, V., Donnellan, M. B., Fleeson, W., Fraley,

R. C., Gosling, S. D., King, L. A., Robins, R. W., Funder, D. C. (2015). Six visions for the future of personality psychology. In M. Mikulincer, P. R. Shaver, M. L. Cooper, & R. J. Larsen (Eds), *APA handbook of personality and social psychology, Volume 4: Personality processes and individual differences. APA handbooks in psychology* (pp. 665-689). Washington, DC, US: American Psychological Association.

7. 見 Kaminsky, H. (2013). *Constructive conflict in Jewish tradition: Machloket L'shem Shamayim, "A dispute for the sake of heaven"*. 取自 http://www.9adar.org/wp-content/uploads/2015/10/Constructive-Conflict-in-Jewish-Tradition-by-Howard-Kaminsky.pdf.

延伸閱讀文獻

1. 對性格心理學與本土心理學之學科定位與相關發展趨勢有興趣的讀者，本章不少說明範例取材自 Pervin 與 Cervone 撰寫之性格心理學教科書，為方便讀者進一步查閱相關內容與延伸參考文獻，故提供筆者拙譯之中文版書目。也歡迎大家加入「臺灣人格社會本土心理學 FB 專頁」，看看臺灣本土的性格與社會心理學研究者都在討論些什麼。

葉光輝（譯）（2011）。《性格心理學：理論與研究》[原著 Pervin, L. A., & Cervone, D.（2010）. *Personality: Theory and research*（11th ed.）Hoboken, NJ: John Wiley and Sons Inc.]。臺北：雙葉。

2. 想瞭解腦科學／認知神經科學對近年心理學發展趨勢影響
   的讀者，可參考以下相關文章：

吳昌衛、郭柏呈、梁庚辰（2011）。〈跨越心與腦的鴻
溝——國科會人文處 MRI 講習課程引介〉。《人文與社
會科學簡訊》，13 卷 1 期，122-133。

侯悠揚 [cobblest]（2012）。〈心理學不該是腦理學〉（編譯自
Tyler Burge 紐約時報之評論 A real science of mind），
全文網址 http://www.guokr.com/article/85110/。

第 2 章

「文化」的根在心裡：
心理學為何研究孝道

CHARACTER

「文化」的根在心裡：
心理學為何研究孝道

原來全球各地都有孝道研究

對全球各地的華人而言，孝道是再熟悉不過的概念。有些人將孝道當成保守過時的傳統觀念，有些人則將之視為最能代表華人文化的重要美德，無論對孝道抱持批判或認同的態度，各種與「孝」有關的字眼在當代華人生活中仍被頻繁使用。以臺灣社會為例，諸如「百善孝為先」、「棒下出孝子」、「父慈子孝」、「不孝有三，無後為大」等俗諺或源自經典的成語，仍透過學校教育或各式媒體廣為流傳。多數人在日常溝通時，也自然而然地以「孝」來描述或評斷他人的性格或作為，甚至許多新世代公眾人物至今仍將「孝順」當作重要的擇偶標準。

另一方面，孝道概念也是廣受探討的學術研究議題，在臺灣近五年的碩博士學位論文中，孝道相關研究的數量皆穩定地持續累積，顯見「孝道」仍是本土年輕研

中國有關孝道的石雕

究者關注的議題之一。不過，孝道研究的發展並非只侷限於華人學術社群或中文發表管道，若在「Google學術搜尋」上以「filial piety（孝道）」、「filial responsibility（孝道責任）」作為英文關鍵字進行搜尋[1]，則可發現光是2015年之後發表的相關英文學術文章就有多達3,460篇（孝道）、3,910篇（孝道責任）。而近年來常被臺灣學界奉為學術論文發表評鑑指標的SSCI（Social Sciences Citation Index，社會科學引文索引[2]）資料庫，光在2015年間所收錄以「filial piety」或「filial responsibility」為主題的相關研究也有141篇。這反映出即使是符合嚴謹學術品質要求、具全球性能見度的國際期刊，同樣也認可孝道概念在學術研究上的重要性與價值。進一步深究這些孝道研究著作的性質不難看出：除了華人或華裔學者之外，還有來自其他不同文化、國家的研究者不斷提出新的孝道議題。而隸屬於社會科學研究範疇的許多學門領域（例如：心理學、社會學、法學、經濟學、傳播學、宗教學等），也都分別從各自的角度致力於探討孝道的意義或影響；換言之，孝道在某種程度上堪稱是跨文化、跨領域的重要研究議題。

前述這些資訊或許已讓某些讀者開始對「孝道」另眼相看，但大家心中可能還是不免懷疑：有必要對這麼簡單通俗或似乎已經逐漸落伍的概念進行深入研究、大做文章嗎？這些孝道研究有任何不同於一般生活常識的新發現嗎？自己平時對孝道相關現象提出的看法或評論，是否也能算是對孝道的研究？為了讓一般讀者更瞭解常見的孝道定義及其背後隱含的迷思，以下將先針對日常語言和多數研究論述中對孝道的界定方式進行分析。在日常溝通時，我們或多或少都曾

經體驗過每個人所認為的「孝」觀念未必相同，這些觀念落差甚至可能引發嚴重的家庭衝突。在學術研究領域其實同樣也為孝道的定義或內涵爭論不休。筆者曾對以往的孝道實徵研究進行統整回顧，並發現長久以來孝道概念一直同時存在正、反兩面評價。這個問題正好突顯出孝道是個源遠流長、涉及層面廣泛的複雜概念，因此匯集了各種分歧、甚至矛盾的意涵。

那麼在孝道定義紛雜不一的情況下，如何才能真正理解孝的內涵呢？任何概念都是在語言文字的使用過程中被賦予意義並持續存在，要掌握孝道意涵的大致輪廓，不妨先從當代中文使用者如何運用「孝」這一詞彙開始著手。臺灣目前已有學者以「中研院現代漢語平衡語料庫」[3]為基礎，建置了中文潛在語意分析網站（Chinese Latent Semantic Analysis Website[4]）。借助此網站提供的「最接近詞」尋找與排序功能，即可直接查詢在一般中文使用脈絡下，哪些詞彙與孝道最為接近、關聯最密切。如此既可避免只以少數主觀的字面定義（例如：字辭典、古代經典或特定研究者曾提出的孝道定義）來理解孝可能造成的偏誤，又可基於中文的使用脈絡或習慣，看出孝道一詞所反映的潛在意涵。

表2-1呈現了以「孝」、「孝道」作為查詢關鍵詞時所找出的一系列最接近詞。其中父母、子女、儒家、人格、天下五個相關詞彙，均同時與孝、孝道兩個關鍵詞背後的共通內涵有所對應；其餘12個最接近詞也大都和儒家文化、親子關係、倫理規範等核心內涵有所關聯。整體而言，當代漢語中所說的「孝／孝道」反映了三種層次的意涵：（1）在集體層

第1章

第2章

第3章

第4章

第5章

第6章

次代表華人儒家文化的核心；（2）在家庭與關係層次指涉子女與父母互動時所展現的角色關係；（3）在個人層次則反映出人格、學問、實踐等意涵。孝道作為價值觀或倫理規範的核心本質，不僅貫穿這三個層次，也顯現在多數相關詞彙的正面性質上。在十七個不同的最接近詞中，除了「困境」一詞帶有某些程度的負面意涵，其餘相關詞彙均呈現中性或正面意涵，特別是善、禮、人格、價值觀、重視等一系列具有德行意涵的相關詞，更顯示出孝道在當代華人心目中仍具有一定的重要性。至於「困境」一詞，與其將之視為對孝道的負面評價或否定，或許更類似當代華人在社會變遷脈絡下，對孝道概念持有兼具正、反兩面的矛盾感受。

表2-1　孝與孝道之中文潛在語意最接近詞

關鍵詞	孝（最接近詞之餘弦向量值）	孝道（最接近詞之餘弦向量值）
最接近詞排序（餘弦向量值愈高，表示其與關鍵詞的語意相關性愈高）	1 孔子（0.586）	1 父母（0.616）
	2 父母（0.572）	2 子女（0.579）
	3 儒家（0.495）	3 人格（0.372）
	4 子女（0.487）	4 代（0.355）
	5 子（0.469）	5 儒家（0.355）
	6 善（0.451）	6 困境（0.353）
	7 天下（0.423）	7 家庭（0.345）
	8 人格（0.391）	8 中國人（0.320）
	9 禮（0.380）	9 價值觀（0.317）
	10 做到（0.346）	10 天下（0.317）
	11 學問（0.303）	11 重視（0.313）

*搜尋條件設定：300 維度語意空間；詞頻範圍設為 1-3000；僅保留語意相關性分析值高於 0.3 者。

　　上述語意分析得到的結果，其實相當符合一般常識對孝道的看法，那麼到底孝道還有哪些值得討論或懸而未決的內容，能吸引眾多國、內外學者持續投入研究呢？以下將從孝道在日常語言中最常見的幾種意義出發，進一步探索這些看似平凡無奇的孝道定義可能隱含哪些迷思，以及目前全球學界有哪些相關研究可為這些孝道迷思提供進一步的說明資訊。

1. 孝道作為華人文化的代表──如何確認華人文化的範圍？其他文化不會展現出類似孝道的態度或行為嗎？

　　文化常被認為是個無所不包、難以清楚說明的複雜概念，若將文化定義為一群人共享且長期傳承的特定價值觀或生活方式，則孝道確實堪稱是華人文化的代表，在過往研究中也常有學者以「孝」來描述華人文化的核心價值或重要特徵。不過，若孝道是華人／中國文化特有的價值觀，那麼在當代全球社會下，該如何界定華人文化的整體涵蓋範圍較合適？移居海外的華人或華裔是否也該納入華人文化的範疇？此外，臺灣、香港、新加坡、中國這幾個當代主要的華人社會，長期以來在政治體制、社會變遷脈絡等方面已產生不少差異，既有的調查研究結果便發現：孝道在兩岸三地華人社會中受重視的程度與運作效果確實有所不同[5]，這些社會是否還能形成單一的華人文化共同體也值得考慮。此外，在同屬儒家文化圈的其他東亞國家，也可觀察到對孝道價值的重視與傳承，且南韓與日本迄今不僅仍有各種孝道相關研究持續發表，當地學者也分別發展出該國本土化的孝道測量工具，廣泛地探討孝道在當代

生活中的運作與影響，這些國家是否也可作為孝道文化的代表，留有討論的空間。

從歷史的角度來看，日、韓兩國或許原本就可納入華人文化的影響範圍，但目前社會科學領域還有不少來自東亞之外其他國家的孝道相關研究，除了有學者編製阿拉伯文、西班牙文等版本的孝道相關量表[6]，甚至在歐美國家也有愈來愈多以孝道為主題的跨國或跨文化研究，就曾有一項名為「高齡者支持來源」（OASIS, Older Adults: Strength in Support）的專案研究，以挪威、英國、德國、西班牙與以色列五國樣本探討孝道規範與家庭代間支持的關係[7]。這些研究一致顯示出：孝道對其他社會、文化亦有實質的意義和運作效果，即使是常被用來與東方文化做對比的歐美國家，也未必如華人想像般的「不孝」。

孝道在英文或歐洲語系確實欠缺直接的對應詞，一般常用的 filial piety 和漢語中的「孝」仍存在某些微妙差異：其中 filial 是指生物學上的子代、後代、子女，piety 一詞則強調宗教或政治上的忠誠或虔敬；filial piety 這樣的詞彙組合固然可突顯子女對父母的敬畏與尊崇，但似乎尚未反映出孝道在華人社會的完整內涵。美國著名的漢學家韓格理（G. G. Hamilton）就曾指出：西方的「filial piety」一詞是將中國的孝道片面理解為古地中海文明的「家父權威」[8]。因此，有些學者在用語選擇上傾向改以音譯的 Xiao，來表達孝道概念在華人或儒家社會中獨特的完整內涵。儘管孝道確實是漢語中獨有的概念，但許多被歸類為集體主義文化或重視家族觀念的國家或族裔，也都在生活中體現了某

些孝道內涵，例如：重視對年老父母的照顧責任、認為家庭福祉優先於個人利益等。因此，當我們將孝道當成華人文化重要象徵的同時，也必須瞭解其他國家、民族仍可能透過其他文化機制傳承類似的價值觀，並展現出符合孝道意涵的態度或行為。

2. 孝道作為儒家思想的根本——古老的傳統思想觀念是否仍適用於當代社會？

孝道與華人文化的緊密關聯主要奠基於儒家思想的運作上。然而，從儒家思想來定義孝道時，往往容易讓孝道與各種古代經典畫上等號，因而侷限於史學、哲學研究領域，一般大眾也因此認為孝道是傳統、保守的舊觀念，未必符合現代人的需求。孝道是否適用於當代社會、能否產生與時俱進的變化，其實也是學術界關注的議題。此類研究除了針對如何將儒家孝道倫理加以現代化進行深入探討，臺灣社會在1960年代的中華文化復興運動倡導下，也曾有學者提出強調平權的「新孝道」概念[9]；韓國亦有學者指出，孝道在韓國現代社會仍是代表儒家文化傳統的重要價值，只是孝道的核心成分已轉化為愛與情感[10]。多數學者傾向以內涵成分的變化來反映孝道在當代社會的演進，一方面強調孝道仍與儒家思想的根源相連，另一方面則試圖找出能符合現代社會普遍價值觀（例如：平等、民主）的孝道內涵或代間關係運作特徵。這些研究似乎預設了孝道觀念的變遷必定如線性般從專制集權朝向民主平權發展，但透過嚴謹的歷史文本分析卻可發現，孝道在先秦時

父親對兒子的慈愛之情

第1章

第2章

第3章

第4章

第5章

第6章

期早已出現過同時並重父慈與子孝的相對倫理觀，而非要求子女無條件順從父母的絕對倫理觀；換言之，帶有平權意涵的孝道觀並非現代社會特有的產物。

再者，除了現代化歷程外，不同社會中特定的歷史發展、政治體制、社會或家庭政策，往往可能對孝道的意義或價值造成更直接的影響。例如：日本曾有研究指出：在二次大戰時，日本政府曾將孝道與效忠天皇、民族榮譽緊密連結，使孝道內涵在原本的親子代間倫理之外衍生出新的社會意義；而二次戰後為了淡化孝道一詞與戰爭負面的回憶連結，日文的孝道對應詞oyakohkoh逐漸無人使用，再加上完備的老人福利體系已逐漸取代子女奉養責任此制度性因素的影響，導致孝道在日本社會中的重要性大幅降低[11]。不少研究也曾探討中國共產主義政治體制在破除家族、家長權威以鞏固黨國權威的發展方向下，對孝道運作的負面影響，諸如有系統地以各種國家單位或公社組織全

面取代家庭功能的社會主義改造、人民公社化運動政策，或造成年輕世代奉養父母壓力倍增的一胎化政策等，都和中國民眾孝道態度的變化情形息息相關[12]。

　　不過，這並不表示孝道觀念在現代社會中只會愈來愈薄弱，甚或逐漸消失。以中國社會為例，民初五四運動時的西化派知識分子就曾形成一波激烈的反孝論，如陳獨秀、吳虞等人都認為孝道傳統對個人獨立性格與思想自由會造成負面影響，使人無法克服專制思想，有礙民主體制建立。而後在共產政治體制下，更經歷了文革前後的極端反孝時期。有學者考證發現，在1951至1955年、1967至1972年共18年間，中國的報章或學術期刊上完全沒有任何孝道相關文章[13]。即使如此，孝道仍然未從中國社會徹底消失，近期中國政府為了強化由家庭共同分擔老人照顧責任訴求，不僅於2013年7月通過頒布實施《老年人權益保障法》，規範家庭與子女對老年人的贍養與撫養責任，更重新開始倡導孝道的價值。由這些討論不難看出，孝道在當代社會有無用處並無法直接從概念本身判定，必須同時考量該社會在特定期間內的需求而定。多數學者雖一致認為孝道觀念可隨時代演進，但在社會變遷過程中又該如何取捨、增補孝道的內涵才算合理？當強調平權的現代孝道可由先秦時期重視親子情感及相對倫理的孝道觀加以說明時，迄今有任何學者曾提出其他全新的孝道內容嗎？這些問題就必須進入下一層次，從孝道涵蓋的具體規範內容繼續分析。

3. 孝道作為親子代間關係的倫理／行為規範——是否真有大家共同遵守的具體規定存在？

　　當大家在日常生活中談到孝道的實踐時，往往會透過某些固定、具體的行為準則（例如：兒子婚後該與父母同住）來說明孝道的內容。這些指引子女與父母互動的行為規範的確是孝道最具體的內涵，但既然稱之為「規範」，也就表示這套行為指導原則或價值觀是外在於個人，且透過集體力量或社會懲罰（例如：輿論譴責、遭受公眾排斥等）的運作讓人感受到必須遵從的壓力。然而，這些親子互動的具體規定究竟如何形成？是由某些人決定的嗎？它們會像條文規定般一字不差地存在於每個華人的心裡嗎？

　　以近年來各種新發展的現代孝道測量工具為例，有學者提出所謂可適用於二十一世紀的孝道內容[14]，也有研究特別針對當代中國老人發展出適用的孝道期待內容[15]；這波研究趨勢聚焦於找出現代社會孝道規範合適的具體行為內容，以便進行測量。但這種研究邏輯衍生出更多問題，例如：新／舊孝道的演變在歷史上是否可以找到某個明確的時間區隔點？每隔多久更新一次孝道規範內容才合理呢？是否需要基於研究對象的居住地區、性別、甚至年齡差異，分別發展不同的孝道內容和測量工具呢？孝道規範的內容難道是由研究者或者是被研究對象所決定嗎？以上這些探討方向似乎都不是掌握孝道內涵的合適方式，反而可能不斷增加更多紛雜不一、甚至彼此矛盾的研究結果。

　　另一個值得思考的問題是，平時大家總是慣用「孝順」一詞，但在現代華人的日常語言使用習慣中，「順」為

孔子像

何未被列入「孝」的最接近詞呢？事實上，孔曾孟荀四子的孝道思想都將孝與順做出區隔，也已有許多人文學者指出，儒家孝道思想中最常受到誤解的莫過於孔子的「無違」、孟子的「順親」；在原典中這兩者皆無一味順從父母之意，而是強調以順於禮、順於道的方式對待父母。不過當代許多社會科學或行為科學研究，對其所謂舊／傳統孝道的理解往往不夠充分，且帶著某種以偏概全的刻板印象。這顯示出若要以具體行為內容來界定孝道，最基本的前提應該是先完整蒐集歷來各種孝道行為條目，如此才能避免為了突顯特定研究目的而選擇性強調某些孝道定義。

　　究竟這些學者想像的新孝道是什麼呢？以實際範例來看：許多學者都認為「子女結婚成家後，應該與父母親住在一起」，屬於不合時宜的舊孝道內涵，因為其並不符合當代社會以小家庭為主的居住安排現狀，應該將此項規範內容調整為「子女選擇住所時，應該考慮就近照顧父母親」，才是符合當代社會需求的新孝道。不過，基於此種方式轉換而成的新孝道其實只是降低要求標準，而非提出「新型態」的規範內容或盡孝行為。從上述例子的討論可見

「孝」的本質並無改變,這是因為父母與子女的關係本質並無改變,關心父母的生活起居與付出照顧、陪伴依然是子女表達代間情感或實踐家庭角色的重要方式,只是外在社會條件改變了(例如:交通更便利、通訊科技發達),即使孝行表現的標準降低為「就近居住」,仍可滿足原本「同住規範」所要達成的奉養照顧功能。由此看來,若將孝道視為固定或制式的行為規範內容,則探討孝道的定義或內容變遷時,就很容易陷入不斷微調各種具體行為條目表面描述的窘境。新孝道的倡始學者就曾特別提醒:任何學者都不可能自行編選出適用現代社會的具體孝道行為項目。儘管其原意是要強調新孝道有更多個人化的表現方式,但這一呼籲也間接反映出:將孝道視為具體的行為規範內容時,最難說明的問題就是不易找出社會大眾共同認可的孝道行為項目。

4. 孝道作為個體層次的人格、實踐——該如何解釋個別差異的存在?

　　即使在古代典籍中也不乏從個人層次討論孝道的實踐,其中二十四孝的故事,就是透過介紹個人化的孝道實踐(例如:臥冰求鯉即是基於特定情境的孝道實踐,而非孝道的基本原則或具體規範),樹立可供仿效的行為楷模。然而,深入描繪個人化的孝行或以問卷測量個人的孝道高低,並不直接等同於「以心理學角度來解讀孝道」——也就是試圖以個人內在的心智運作機制來說明(孝道態度與行為上的)個別差異如何形成及展現。無論是將孝道定

義為人人生而有之的天性美德，或將孝道定義為由集體共同認可的行為規範，都不容易說明為何同一社會、文化中的成員對孝道的態度與實踐會出現強烈的個別差異。這些問題恰反映出，並不是每個華人心中都有同一組明確的孝道行為教條，從小到大的社會化歷程最多只能保證華人大致理解孝道的規範內容，且因為知道社會中多數人普遍認同這些規範，而或多或少感受到最好能遵從集體共識的壓力。但每個人是否重視孝道、孝道實踐程度高或低，仍可能受到許多個人因素的影響，特別是日常生活中實際的親子互動經驗、感受，都對個人孝道觀念的形成至為重要。

曾有香港學者訪談長期親自照顧年老患病父母者的子女，這些一般印象中的孝子、孝女都表示：雖然孝道是與父母相處時的重要參考原則，但自己會選擇親自照顧父母並不是因為遵循孝道規範的要求，而是出自個人內在對父母的情感。此外，當這些孝子、孝女受訪者在詮釋自己的照顧行為或動機時，也總是夾雜各種個人化的家庭脈絡或成長經驗來說明選擇親自照顧年老父母的成因與意義[16]。這也顯示出，即使是隨侍

照顧年老父母的子女

在側這類看起來極度犧牲的孝行，也並非出自於孝道規範本身的約束作用，導致子女不得不選擇最符合社會期待的標準作法；相反的，一般人眼中必須勉強忍耐才可能做到

第1章
第2章
第3章
第4章
第5章
第6章

的孝行，往往是當事人基於親子間親近、深厚的情感所形成的自發表現，因而能持之以恆。儘管孝道就和其他社會規範一樣，是為了達成某些重要社會功能（例如：維持家庭凝聚力、承擔照顧高齡者的責任）而由人為建構出的文化設計，但任何人為文化設計必定也同時具有滿足個人基本心理需求的功能才可能長久存續。畢竟若孝道純粹只是不合理地要求子女無條件的服從或自我犧牲，則它不可能與時俱進傳承迄今。因此，除了關注孝道具有哪些社會層次的功能之外，還需要瞭解孝道可以同時滿足子女本身的哪些心理需求，及其如何與子女個人的基本性格相結合，在生活中自然而然發揮出效用，如此才能對人們在孝道觀念、行為上的個別差異提出有意義的解釋。

突顯華人文化特殊性、和西方主流心理學概念做出明確區隔，一直是臺灣本土心理學界提出各種原創概念時的主要策略之一，因此以往總是以「華人社會價值」、「華人文化規範」、「華人傳統家庭價值觀」、「儒家倫理價值」等強調文化特殊性的價值信念作為孝道的「心理學」論述基礎。此處只是希望藉由一些常見的迷思提醒讀者：若只侷限於討論哪些行為符合孝道、怎麼設定孝或不孝的判斷標準才合理，其實永遠沒有定論。若回過頭去看看前文中曾提到的各國孝道研究就可發現，這些來自世界各地的研究，都不是以宣揚或否定孝道為目標，而是希望透過一般人在孝道態度或行為上的差異，更理解每個人行為模式的特色。無論是想從孝道的角度剖析周遭人的性格，或希望將各種孝道研究結果應用於瞭解自己、改善家庭關係，最重要的第一步莫過於暫時先放下

自己心中對孝或不孝的判斷標準，從心理學的角度重新認識什麼是孝道。至於從心理學角度究竟會對孝道做出怎樣的定義，以下將以筆者所建立的孝道雙元模型為範例，進行具體說明。

心理學式的孝道概念：不只是乖乖聽話而已

在正常狀態下，個體出生後第一個經驗到的角色就是「子女」，此種長時間與父母密集互動的過程，不僅使親子關係運作成為人際與社會關係發展的根源，更由於子女初生時在生活、情感等需求上必須全然依賴父母，在這種緊密且攸關生存的一體關係下，子女自然會衍生出一套專門用來處理維繫、強化親子關係連結的心理運作模式，其作用方式與效果甚至在個體尚無自覺前就已展開。華人常用羔羊跪乳之類的典故比喻孝道是生而有之的人類天性，其實就是試圖將孝道這一人為的文化價值規範，融入每個人因應幼時生存需求而形成的親子關係心理運作模式中，也因為如此，孝道信念才會隨著個人成長逐漸內化，展現出如同性格特質般根深柢固的影響，這正是第一章會強調以「脈絡化的性格變項」作為孝道的心理學定位的原因。

從心理學的觀點來看，孝道在個人心理運作系統中所扮演的角色，其實就是專門用來與父母互動的基本心理模式，這些基本模式反映出個人與父母互動時普遍存在的心理特徵、動機，換言之，心理學家真正關注的重點並非各種可能被納入孝道內涵的具體行為內容（例如：至少要生一個兒

子、主動關心父母的健康、一定要出席父母的喪禮等），而是這些五花八門的行為內容之間是否存在某些共通性質，可以透過個人與父母互動的基本心理模式加以統整。由於「親子關係」是孝道發展成形與發揮作用的基本脈絡，要找出孝道所反映的基本心理特徵，自然必須從親子關係的本質著手。無論在任何文化中，親子關係的本質原就兼具「平行」與「垂直」兩種不同性質的人際關係結構：平行關係是指將親子雙方視為兩獨立個體進行對等的互動，並從實際相處中逐步累積對彼此的瞭解與親密感受；另一方面，親子關係的開端無可避免地建立在雙方資源、權力不對稱的原初條件上，因而具有上下位階的垂直關係，此種垂直關係的運作，強調親子雙方依循既定的「父母」、「子女」的角色義務進行互動。孝道雙元模型對「相互性」與「權威性」兩種孝道面向的區分，除了對應於親子間「平行」、「垂直」兩類關係結構的互動特徵，也反映出華人孝道概念中並存的兩種基本向度。

　　根據孝道雙元模型觀點，「相互性孝道」信念的運作基礎是「兩獨特個體由長期互動中建構出的親密情感」，其反映出親子間常見的親密連結與主動自發的情感表現。具體而言，相互性孝道信念源自於子女在日常互動中逐漸與父母累積出厚實情感，並形成最根本的人際親和狀態，因而在普遍狀況下，子女均能相應表現出樂於善待、關懷父母的舉動，這些運作特徵恰對應於儒家倫理中的「親親」原則。此種與主要照顧者間自然發展出的親密情感，不僅反映個人對親和與情緒安全感基本心理需求的滿足，亦是子女陪伴、關心、照顧父母的動力來源。值得留意的是，以「相互性」來命

名,主要是為了強調親子兩代在此種互動關係中具有對等地位(兩獨特個體之間的互動),而子代相應而生的行為(例如:生活上的支持、追思懷念等)均是情感的流露與自發的付出,不純然是出自對父母生養恩情的虧欠。相互性孝道的運作性質,不僅對應於儒家倫理中的「親親」原則,也和現代社會中強調雙方平等且僅以彼此情感需求為基礎的「純粹關係」(pure relationship)[17]多所呼應。

「跟孩子做朋友」是目前主流的教養理念,對華人而言,水平式的親子關係似乎已廣被接受。不過,雙元模型特別以「個體對個體」來說明水平式親子關係的特色,則是希望強調相互性孝道的運作重點並非形式上的尊重、平等,而是親子雙方能跳脫家庭角色的影響,將父母、子女當成有自己獨特性格、喜好的個體來看待;它就像交朋友時會想要知道對方的個性、習慣與某些重要經歷,不斷透過溝通、自我揭露達成對彼此的瞭解。這樣的互動模式看似平常自然,但並不容易複製到親子關係中。舉例來說,諸如「天下的媽媽都是一樣的」這樣的歌名、「媽媽都愛吃魚頭」這則廣為流傳的故事,或多或少都傳達出媽媽在家庭中所扮演的角色,往往徹底掩蓋了她個人的獨特性格。而看著孩子長大,理應最理解孩子一切想法、成長經驗的父母,常常受限於對自身角色責任的認知,想要協助欠缺人生經驗的子女避免挫折、做出最好的決定,反而成為「最不懂孩子」的人。這些都顯示出,相互性孝道所謂的個體對個體的親子互動,不只是親子兩種角色的和諧運作,還多了一分能懂得彼此獨特性格的相知相惜之情。

西方學者就曾提出「友誼模型」[18]來闡明孝道的本質應該是親子間自發而持續的對等情感，並反對將父母的付出、犧牲視為需要償還的恩情，因為當親子間情感是以友誼為基礎，其中任一方的付出都應該像朋友間的相互幫助，是個人主動自願且不求回報的行為。友誼模型也強調，自發的、以愛為基礎的代間關係才是支撐子女孝行實踐的堅實基礎，其效果更甚於道德、義務的強制效果。以友誼的本質來定義孝道並解釋其運作機制，不僅與孝道雙元模型中相互性面向所強調的孝道內涵相吻合，也顯示出在其他不受儒家文化影響的社會中，只要子女出生後能在父母提供的穩定照顧關係中順利成長，同樣可以與父母發展出相互性孝道所反映尋求情感與親密的心理基模。

　　至於孝道雙元模型中「權威性孝道」的運作基礎，則是個人透過「子女」這一社會角色逐漸習得對群體規範與家庭人際階序的認同。由於父母與家庭向來是個人社會化的主要來源，在教養關係中，父母不僅是權力地位較高的教導者，在與子女互動時也同時化身為「概化他人」的角色，將各種普遍被大眾接受的社會共識或規則傳遞給子女，在某一段時期更會成為子女心中具有絕對權威的行為楷模。因此，子女在社會化歷程中會逐漸習得如何調整自己的行為、需求，以獲得權威角色（父母）的接受、讚許，繼而擴展至尋求家庭、社會及文化規範的認可。此種從社會化歷程中習得的角色規範，不僅反映個人尋求隸屬感或社會認同基本心理需求的滿足，亦使個人在家庭互動中能扮演好「子女」這一社會角色，依循社會期待表現出合宜的行為。然而，父母的權威

往往隨著子女邁入青少年階段而逐漸削弱，因此，華人文化中發展出一套「家國同構」的社會體系，以強化奠基於「輩分—年齡—性別」倫理階序上的「君父」權威。以「權威性」來命名孝道這一面向特性，不僅點出「親子對偶關係是華人社會關係權威結構的基礎」，也同時突顯了子代遵循角色規範以追求社會認可的心理機制。

在權威性孝道的運作下，子代必須認同親子輩分地位之差距，將雙親視為家庭位階較高的角色，才可能在親子關係中達成合宜的實踐，這恰對應於儒家倫理中的「尊尊」原則。然而，這不表示其他社會、文化中並不存在類似「權威性孝道」這一成分，例如：中古歐洲的封建家長制，在親子互動關係上亦展現出與權威性孝道相似的運作內涵；即使在當代西方個體主義國家中，父權體制也持續在家庭、乃至社會結構中轉化出各種展現形式。此外，東亞儒家文化圈之外的集體主義社會，也仍強調親子在權力位階上的差異，並透過子女對父母期望的順從來維繫家庭整體和諧。只是與其他國家、文化相較，華人社會對權威性孝道的倡導與強化相對更為明顯，也有較多華人文化獨有的相關規範，如不孝有三無後為大、努力讀書以光耀門楣、婚後與夫家同住等，但其他文化而言，這些行為對於維繫親子情感、善盡子女角色責任未必具有高度重要性或優先性；且不同文化也可能特別指定以某些行為來表達對父母的情感，例如：臺灣蘭嶼的達悟文化中，兒子與女兒會各自透過某些固定的家務工作來實踐對父母的照顧責任（例如：幫忙父母撿柴薪是兒子的工作、幫父母送飯則是女兒的工作），這些工作只能由兒女親自

第1章

第2章

第3章

第4章

第5章

第6章

負責，不可由外人（例如：志工或居家服務人員）代勞[19]。孝道的權威性面向雖也反映出某種普遍存在的心理運作基模，但此種以尋求隸屬感、集體認

如今仍保留傳統的蘭嶼達悟文化

同為動力的心理基模，必須透過追求社會認可的行為來達成個人內在需求的滿足，因此，能獲得集體認同的子職實踐內容更容易受社會文化條件不同而出現變動。換言之，與相互性孝道相較，不同文化對於權威性孝道信念的接受態度，較容易出現明顯的文化差異。

相互性、權威性兩種孝道面向的區分雖強調從個體心理運作層面切入，但此種定義方式也可同時統整孝道概念可能涉及的不同層面（詳見表2-2之整理）。其中，「相互性」面向即是反映親子間基於個體對個體的互動所展現的「自然情感運作」特徵，而「親親」則是儒家文化脈絡下用以表達「基於頻繁日常互動形成自然情感運作」的特定詞彙，三者其實反映同樣的親子關係結構基礎，以及子女在代間互動中對人際親和與關係連結的需求；同理，在儒家文化脈絡下，「尊尊」這一專門詞彙主要用以表達「子女依循家庭中的角色階層規範，將父母視為位置較高的家庭角色與其互動」，反映的正是子女在親子雙方資源、權力不對等的關係中，透過重視、維護「父母角色的權威」，來尋求社會歸屬與集體認

同。因此，無論在個體主義或集體主義文化，兩類孝道信念皆是影響子女個人在親子互動方面心理運作的基本要素。

表2-2　相互性與權威性孝道在不同層面之理論意涵

相互性／權威性面向對應的理論意涵	切入層面
個體對個體平行關係／家庭角色階層關係	親子關係結構性質層面
親和與關係連結／社會歸屬與集體認同	子代基本心理需求層面
心理原型／文化原型	跨文化比較層面
核心[較不受社會變遷影響]／變遷	社會變遷層面
相互性／權威性面向對應的關係運作特徵	運作法則基礎
自然情感／角色規範	基於親子關係結構之互動原則
親親／尊尊	基於儒家普遍的關係運作法則（同時適用於親子關係）

　　由於大家在日常生活裡總是以子女表現出的具體行為內容來討論孝道，一旦改從子女個人在親子互動中的心理運作特徵來定義孝道，似乎讓孝道顯得更抽象了。不過這樣的定義方式既可奠定支撐孝道運作的心理機制普遍存在於所有個體中，對於探討孝道在社會、文化層次的運作或差異亦有幫助，前一節提到的各種孝道迷思，幾乎都可在支撐孝道運作的兩種基本心理運作模式中得到澄清：

（1）由於雙元孝道所反映的心理運作機制普遍存在所有個體之內，對孝道進行跨文化比較才有意義；否則若孝道是華人社會獨有的文化規範，實無必要針對歐美民眾測量

並不存在於其心理運作系統中的孝道，更遑論進行跨文化比較了。至於不同文化對孝道重視程度的差異，則可透過雙元面向之區分來呈現，其中，普遍受到不同文化重視的相互性面向可定位為孝道的心理原型，而在重視人際距離與角色階層的集體主義文化脈絡，以及儒家思想、家國共構統治論述的強化下，權威性面向則對華人有特殊的文化意涵與重要性，故可視為華人孝道的文化原型。目前孝道雙元模型在其他國家、文化的實徵研究中已得到初步支持，無論是以其他華人社會樣本（例如：中國、香港等）、歐美國家之華裔樣本（例如：美國或紐西蘭等）、其他異文化樣本（例如：美國）進行分析，均可穩定得到相互性與權威性兩向度；顯見這兩向度不僅是孝道的基本結構，也是進行跨文化比較的合適基礎。此外，針對美國與臺灣大學生樣本進行的跨文化比較亦發現，在兩種孝道面向中，僅相互性孝道與兩地大學生的正面心理發展適應有關，這也支持了相互性面向作為孝道心理原型的跨文化普遍效果。

（2）既然相互性、權威性孝道普遍存在所有個體內在心理運作系統中，表示兩種面向並非受特定歷史或社會演進過程影響才出現，也就無須爭論如何找到適合切割新、舊孝道的時間點。至於不同歷史時期或社會變遷趨勢對孝道的影響，僅是型塑兩種孝道面向的相對優勢，例如：西漢後期至清朝，孝道逐漸和統治權威相互扣連，權威性面向在運作上逐漸形成穩定優勢。而現代化轉型歷程強調的民主、平權價值，則逐漸強化當代社會中相互性

第1章
第2章
第3章
第4章
第5章
第6章

孝道的運作優勢，使權威性孝道的重要性相對削弱。基於近代最重要且仍持續進行的現代化變遷脈絡而論，雙元模型也將在當代具相對優勢且呈現自發運作效果的相互性面向視為「核心孝道」，並將運作效果侷限於社會文化或法律約束範圍的權威性面向，視為主要取決於外在規範強度的「變遷孝道」（可參見表2-2）。由於各時期非優勢的孝道面向仍反映著與親子關係基本結構對應的心理運作機制，因此其重要性雖降低，但並不至於完全消失，較類似於為當時孝道優勢面向的運作提供輔助效果。

（3）透過由個體心理需求與內在運作層面界定孝道，也可讓我們清楚看出孝道在個體與社會兩種層次上的功能差異。當從個體層次切入，相互性與權威性兩向度在個體心理層面的運作機制、效果並不相同；相互性孝道對子女個人發展適應的影響會以正面居多，權威性孝道則較易產生負面作用。當從社會層次切入，兩類孝道其實具有同樣的社會功能——促使子女善待父母，讓家庭功能和諧運作；換言之，「相互性」與「權威性」孝道是透過子女個體層次兩種不同的心理運作機制，共同促進家庭功能的穩定、維續，兩者的差異僅在於相互性孝道對親子關係品質、代間支持行為等各類家庭功能的助益效果較廣、較強。無論在日常生活或學術研究中，經常可看到對孝道效果正負不一的爭論，一旦仔細分析可發現，這些爭論多半涉及孝道在個體層次對子女身心發展的負面效果，及其在社會層次對維繫家庭養老功能的正面效果，一旦陷入此種拉鋸戰中，很容易淪為反孝、擁孝兩

種立場之爭。然而，透過區隔出孝道雙元向度各自對應的子女心理需求滿足，孝道在個體與集體層次的功能不再彼此衝突，孝道在滿足家庭養老功能的同時，也有助於子女個人基本心理需求的滿足，尤其在相互性與權威性孝道的共同運作下，更可帶來相輔相成的效果。既有的研究結果一致發現兩種孝道面向具有中等程度的正相關，這除了反映兩者在社會功能層次的共通性，也顯示出相互性與權威性面向對個人的影響效果雖有某種程度的正、負之別，但兩者並非彼此互斥對立，而是共存於個體之內的不同心理運作機制（有關二元對立與雙元性之釐清，將在第五章深入討論）。

近期曾有歷史學者對近代的各種闡釋《孝經》的文本進行分析，其發現晚明時期文人虞淳熙對《孝經》的論述是以「愛」與「敬」兩者共同說明孝道的運作[20]，其中「愛」指的是子女對父母的自然親愛之情、「敬」則是子女對父母有上下秩序和距離的尊嚴之情，是禮制規範的基礎。前述這種孝道界定方式不僅和相互性、權威性面向的區分有所呼應，更說明了強調自然親愛之情的相互性孝道絕非現代社會的產物，而是人為文化設計背後必然存在的心理運作基礎。因此，心理學式的孝道概念，不僅無損於孝道在華人歷史中長遠豐厚的人文意涵，更有助於完整描繪孝道的實際運作與影響範疇，讓華人的親子互動展現出更多樣化、更細膩入微的心理與行為，不再只呈現出順從權威、乖乖聽話的刻板形象。

第1章
第2章
第3章
第4章
第5章
第6章

雙元觀點讓孝道無所不在

　　生活中或媒體上有關孝道的評論，多半會涉及個人對父母、祖父母的奉養照顧責任，或是未成年子女對家庭經濟困境的體諒與共同分擔。不過，孝道對華人的社會關係有相當廣泛的影響，諸如「一日為師、終生為父」、「地方父母官」或「以大家長來比喻企業或組織領導者」，其實都隱含了將父子關係原型套用到各種雙方權力不對等的垂直式關係上，而這些社會關係的運作過程也經常可看到孝道的影子。以下將介紹國、內外學者引用雙元孝道概念進行研究的相關成果，希望能在子女奉養照顧責任議題之外，儘量呈現出孝道的各種不同應用。由於孝道雙元模型理論架構的創新重點在於：「雙元面向的區分」，其應用價值的最佳判準應該是：將孝道區分為雙元面向後，是否能對更多樣的新興研究議題提出更適切的分析與解釋。因此，下列介紹不僅強調孝道雙元模型應用議題的多樣性，更著重於說明雙元面向的區分能提供哪些更深入或不同觀點的解釋。

高齡化議題裡的孝道

　　近期孝道研究的興起與全球人口高齡化趨勢有密切關聯，由於支撐家庭養老功能持續運作原就是孝道主要功能之一，孝道雙元模型在國內、外高齡議題上的應用，仍以探討子女的奉養照顧意願、實際代間支持行為、照顧壓力等常見主題居多。不過，雙元向度的區分也為這些常見主題帶來更多新方向。例如：曾有土耳其學者在探討高齡喪偶母親與成

年已婚女兒的代間照顧關係形成過程時，特別強調反映個人親密情感的相互性孝道，不同於反映集體主義價值規範的權威性孝道，其透過訪談發現，相互性孝道有助於母女雙方順利度過「照顧者—被照顧者」角色反轉歷程的關鍵[21]，將孝道運作效果由促進子女提供物質支持與勞務協助，延伸到促進高齡父母對老化狀態的調適。其實從當代老人心理學理論來看，相互性孝道對於高齡者在老化乃至臨終過程中的心理與情緒調適皆有不可取代的意義。透過子女與孫子女的主動關懷與陪伴，既可讓高齡者從後代的傳承中尋找生命的終極意義、緩解對死亡的焦慮，更能感受到自己過往對家庭與子女的付出受到肯定，重新找回自我價值。

此外，美國的傳播研究者在探討大眾對高齡者的刻板印象與社會排斥時，也透過相互性與權威性面向的區隔，輔助說明一般民眾面對無血緣關係的高齡族群時，常採用的「主動尊重」與「迴避疏離」兩類不同溝通模式[22]。在西方屬於公領域的年齡歧視議題，往往是從社會正義的角度切入分析，這項研究也顯示出孝道不僅會影響個人對家中高齡長輩的態度，其效果也可能延伸到對家庭外一般高齡人口的互動模式上；因此，要解決年齡歧視或老人歧視等社會問題，或許也可先從增加年輕世代與家中高齡長輩正向互動的機會、經驗著手。在全球人口高齡化趨勢下，為了因應大量且多樣化的高齡照顧需求，歐美各國的孝道研究日漸增加。雖然西方福利國家是在社會保險制度負擔沉重的脈絡下，希望尋求家庭共同分擔養老責任，這明顯不同於華人社會是在現行的家庭養老機制下，試圖建構出能與家庭運作相輔相成的老人

照顧福利體系，然而，兩者同樣都期望藉由孝道相關研究，找出可促進高齡者福祉或強化代間關係連結的機制。在此契機下，華人學界在孝道概念掌握程度上的優勢，不僅可為西方或其他領域的孝道相關研究提供理論指引，也有助於本土心理學研究的全球化。

家庭矛盾裡的孝道

　　一般印象多認為孝道等於對父母的順從，因此，子女的孝道信念愈高，愈容易透過壓抑自己的真實想法來迴避親子衝突，這樣的解釋雖沒有太大錯誤，卻仍不夠完整。根據雙元孝道的觀點，以自我壓抑來因應與父母的衝突只能反映出權威性孝道的影響效果，而迴避衝突也並不等於衝突得到解決，除了懸而未決的問題可能繼續累積，在未來造成更嚴重的傷害；權威性孝道較高的子女，也可能為了維持親子間的表面和諧，以不回應、陽奉陰違等方式來處理衝突，使原本的問題變得更複雜、難以解決。因此，若希望針對引發親子衝突的問題加以解決，仍需要考慮相互性孝道的運作；相互性孝道主要透過親子間親密的情感、信任，使子女在與父母意見不一致的狀況下，仍願意嘗試同理父母的立場，並持續溝通、共同尋求可行的折衷或兼顧解決方式，進而徹底化解原本造成衝突的原因，達成讓親子雙方都同樣滿意的結果。由此可知，在相互性孝道的運作下，親子衝突甚至可能在最後帶來正面的結果或影響。至於親子衝突如何朝建設性方向發展，本書第四章將有詳細介紹。

　　而在探討祖孫三代對孝道行為的期待落差時，雙元孝道

的區分，也有助於將個人家庭角色、家庭生命發展階段等因素共同納入考量，以提出有意義的詮釋：其中年邁的第一代（祖父母）在逐漸退出既有社會角色、面臨同輩人逐漸離世的過程中，將更期待第二代成年子女對其主動的情感關懷，因此其感受到的孝順主要來自第二代（已婚成年子女）的相互性孝道行為；而已屆中年且對上對下皆需承擔照顧責任的第二代，面對未成年的第三代（孫子女）時，則認為「符合社會規範」、「聽話」的行為更接近孝道的典型表現，故所感受的孝順主要來自第三代的權威性孝道行為[23]。由這些研究結果可知，究竟哪些行為能真正讓家中長輩感受到自己的孝心，或許和彼此所處的生命發展階段習習相關，與其固著於任何一種自認為最好、最難得的孝道表達方式，不如隨時對親子關係與整體家庭情境的變化保持敏銳，唯有如此，才能真正理解彼此當下的想法與需求狀態，找出最合適的相處之道。

教育議題裡的孝道

　　在儒家士大夫文化的影響下，讀書求取功名以光耀門楣，長期以來都是華人子女最重要的盡孝方式。這也讓孝道信念成為理解華人學子的學習動機、課業成就表現的另一種角度。目前已有教育領域的研究者以雙元孝道探討學生自我效能觀點的形成，及其對學習動機與學業成就的影響。其中奠基於親子實質互動經驗的相互性孝道，有助於學生相信可透過學習改善自身能力；而強調遵從既定規範的權威性孝道，則易讓學生認為自身內在能力是固定的，減低其面臨學

習瓶頸或困難時的努力程度[24]。中國則有學者運用雙元孝道面向來解釋研究所畢業生在生涯決策歷程上的差異。由於相互性孝道高，表示其親子互動模式強調對雙方個體獨特性的表達與理解，除了能促進華人青年投注更多時間心力對自身生涯選擇的可能性進行實質探索，也有助於其深度認同自身的決策結果；而權威性孝道高，則表示子女認為父母的期望和一般社會標準相同（例如：光耀門楣、繼承家業），因此易導致華人青年在未進行深入自我探索下，就基於某些固定判斷標準或對父母想法的揣測，預先傾向最保險的生涯選擇[25]。

　　上述研究或許可提醒家有在學子女的父母，在學校乖乖聽話、力求表現的小孩，雖然能在社會主流價值標準下獲得人人稱羨的成就，讓父母很有面子，但若這些行為只是基於權威性孝道的運作，希望獲取父母的肯定或關注，反而可能同時對孩子造成無形的傷害。臺灣曾出版過一本談自主學習與教養理念的暢銷書——《乖孩子的傷，最重》，正是在談子女努力達成乖巧聽話理想形象的心態背後可能潛藏哪些問題。從雙元模型的角度來看，這些受傷的乖孩子與父母的關係往往呈現權威性孝道極高、相互性孝道極低的特徵。這也顯示出，透過雙元面向的區分，可更清楚瞭解孝道對培養學習動機與自我探索能力的多重影響，而權威性孝道也未必是所有

子女乖巧聽話與父母呈現出和諧融洽的關係

第1章

第2章

第3章

第4章

第5章

第6章

親子問題的根源，即使是較欠缺自信、認為父母的想法具有絕對權威的孩子，只要在相互性孝道的適度配合運作下，讓親子關係更為親近、自在，父母的介入與建議也有可能轉化為協助、引導的力量，支持子女慢慢找到真正的自己。

心理治療議題裡的孝道

由於親子關係與家庭經驗是個人性格與自我概念形成的重要脈絡，許多臨床上常見的心理困擾，其實都深受長期累積的不良親子互動習慣所影響，因此，在臺灣的諮商輔導或心理治療實務中，案主個人的孝道信念往往也是理解其身心調適問題的重要線索。例如：國內就有研究以成人為對象，探討個人的孝道信念、完美主義心態與心理健康之間的相互影響。此研究發現：僅重視相互性孝道者，雖然會為自己設定高度完美的自我標準，但在自我期待與實際表現之間的落差則偏低，對於完美主義心態的調適較佳；而相互性與權威性孝道並重者，不僅會設定高度的自我標準，還要求自己的行為表現必須井井有條、完全符合規則，此種較欠彈性的完美主義運作方式，也導致這類人容易感覺自我期待與實際表現間存在許多落差，易認為自己仍不夠完美，因此造成較大的心理壓力[26]。

另一方面，不少新興的家庭、社會議題也可由孝道雙元模型的理論架構提出不同解讀，例如：在全球青年失業率居高不下的趨勢中，近年來長期失業在家、依附父母維生、且伴隨各種社會退縮症狀的青年人數不斷增加，此現象在許多國家都曾掀起討論熱潮（例如：英國社會率先提出的「NEET

族」、日本社會的「繭居族」等）。此議題在西方較常從社會結構層次的世代不平等或世代特性加以解讀。不過，臺灣曾有研究以相互性與權威性孝道運作無法相互配合所導致的家庭互動失衡情況，來說明華人家庭中青年滯家行為背後的慢性形成機制，其發現這些滯家青年展現出兼具強烈情感連結與疏離抗拒的僵化親子互動模式[27]，若只以「不孝」或「孝道式微」來批判此種啃老現象，便難以詮釋出滯家青年個案對父母的情感依賴，及其自覺無法以文化期許之形式回報父母的矛盾感受。又如相互性孝道在代間關係上所反映的人際情緒功能，也讓諮商實務工作者選擇以其作為早期家暴經驗的修通程度指標[28]。若未區分孝道的雙元向度，一般以養老責任為主要內涵的孝道概念，在評估個人「家暴創傷修通程度」上，並不易與化解心結、從情感上達成原諒而形成的關係重建有所連結。由此可知，相互性與權威性面向的區分，對孝道本身定義完備度及應用範圍皆有所助益，唯有正視孝道本身蘊涵的雙元心理運作功能，才能真正發揮孝道在當代華人日常生活中的應用價值。

性別議題裡的孝道

以臺灣社會學者基於高齡照顧商業化而提出的「外包孝道」（subcontracting filial piety）概念[29]為例，這一新興概念主要是針對僱用外籍看護工擔任孝親實作代理人與虛擬親人之現象進行探討，並從權力結構運作的角度批判此種勞僱關係中結合種族與性別的雙重剝削。雖然孝道運作的確同時統攝輩分—年齡—性別三種家庭權力階層結構，帶有一定的

父權色彩，且就性別研究的角度，孝道論述中對自發情感的強調，也容易強化「女性更適合擔負家庭照顧責任」的意識型態。不過，孝道雙元模型不僅與解決這些性別議題不相牴觸，且藉由區分「相互性」、「權威性」兩面向，更能反映不同家庭角色在孝道運作上的對應特徵，有助於據以提出具性別意識的反思。以已婚女性為例，其作為女兒角色面對原生家庭父母時，由於華人家庭結構以父子軸為主，無論在奉養父母、傳宗接代等方面，已婚女兒幾乎無須擔負任何義務或期待，因此其照顧實踐多半偏向與相互性孝道的運作結合。由於相互性孝道反映親子雙方有深厚的情感基礎與長期互動累積的相互理解，這些除了是建立良好照顧關係的重要因素，也有助於已婚女兒從看似勞務的照顧工作中感受到某些個人化的意義（例如：將之視為彌補先前相處時間不足的機會），因而讓照顧壓力有可能朝正面轉化，同時提升照顧者本身的身心適應；但也較可能因強烈的情感連結與無限上綱的自願犧牲，使已婚兒女本身身心狀態超過負荷仍不自知。

　　然而，當同一位已婚女性以媳婦身分面對公婆時，由於其與公婆之間是經由婚姻關係乍然形成的「類親子」關係，與自身在成長過程中受父母長期照顧、支持培養出的深厚親子情感，兩者截然不同；且媳婦在家庭中的行為規範，多半附加於丈夫作為兒子的孝道義務上，在照顧公婆時難免以強調角色規範的權威性孝道作為主要依循，它除了較強調依專業資訊（例如：醫護人員的交代）或一般普遍原則，處理好每件照顧勞務工作，也因為將照顧視為無法旁貸之義務，整體而言較容易累積出照顧壓力感受。在不同家庭角色下，照

顧壓力的形成機制未必相同，透過雙元架構的理論分析，既可保有對照顧性別化的反省，也能在實務上提供扮演照顧者女性更符合其角色處境的建議或協助。

　　儒家經典強調情感與規範緊密契合所成就出的個人德行，顯示親親與尊尊兩種人際互動原則在行為實踐過程中原就難以相互切割分離。在當代日常生活中的各種親子互動，其實也經常交雜著相互性與權威性孝道的共同運作，任何人（包含筆者自身）在解讀自己日常的孝道行為時，也都不容易清楚分辨其來自相互性或權威性面向的影響效果各占多少比例。然而，在理論上區分出兩種孝道面向依然有其必要。就心理學的研究核心（如何解釋個體心理、行為之差異）、與西方主流心理學概念對話等訴求而言，由個體的「基本心理運作需求」這一角度切入，將在集體層次同樣具有正面社會功能的兩種孝道面向，藉由個體層次的心理運作機制之差異訴求加以區隔，在理論研究與實務應用上的確有其重要意義。透過雙元面向的區分，不僅使孝道在個體內在心理層次的運作機制與效果得到更清楚的界定與解釋，有助一步步深入分析思考各種切身而複雜的家庭互動現象，也連帶拓展孝道在當代的應用價值，甚至為孝道的跨文化研究或交流提供了合適的比較基準。整體而言，這樣的概念化方式仍不失為兼顧本土化與跨文化的最佳選項之一，也希望透過這個理論範例讓讀者瞭解，並不是只要將概念區分為兩面向就必然等同落入二元對立的窠臼，而即使在概念化時區分出兩個以上的向度，也未必就保證該概念架構具有整合多元面向功能的優勢，其最終還是必須回到概念本身對現象的解釋力來評估

一個理論的好壞。

孝道就是文化與心理的結合

　　藉由介紹孝道雙元模型這個臺灣本土理論，本章說明了如何將代表華人「文化」的孝道，與現代「心理」學的性格概念相互結合，使孝道成為可廣泛應用於探討親子衝突、個人心理健康與發展適應、青少年課業學習成就與職業選擇、婆媳問題與夫妻關係等一系列現代心理學研究議題，且在不同國家樣本上能反映出適當社會文化差異的本土心理學概念。本章篇名——「文化的根在心裡」在此有三層意涵：（1）任何基於維護集體福祉或社會功能而衍生出的文化運作系統，其制度背後需能滿足個體層次的某種基本心理需求來加以支撐，才能讓人為的文化設計在日常生活中因同時可與個人基本需求的滿足相緊密結合，逐能逐漸成為某種「自然而然」的行為傾向。（2）各種文化設計所規範的應然內涵，並非機械式地規定個人該如何具體行動，這些行為指引原則最終仍要經由個人的內在心理歷程的詮釋才能化為行動實踐，並真正被賦予意義。（3）由於雙元模型提出的兩種孝道面向在不同文化間受重視的程度有所差異，在跨文化比較層次上，相互性與權威性面向大致可分別定位為孝道的心理原型、文化原型，而在既有實徵研究結果中，孝道的心理原型無論在影響範疇、效果上總是較文化原型更為全面、深入，顯示出心理原型是孝道觀念運作中更為基本的成分，任何偏向教條、強制性的孝道「文化」原型若要順利運作，終究需

要經由孝道的「心理」原型將之內化或合理化，因此，雙元孝道的運作也反映出文化與心理兩者不斷相互型塑的過程。

華人本土心理學研究的重點，其實就是在處理文化與心理間的關聯，迄今已發展出許多不同的處理方式：其中強調以文化為優先考量的學者，認為個人的心理機制、需求皆會受到其所在社會文化脈絡的型塑，並致力於發展各種僅見於華人文化的獨特概念；有些學者則將文化視為可能影響個人心理運作的外部情境因素之一，其研究內容往往是在西方既有的理論架構下，局部增加一個特定的文化影響因素，例如：在探討成年子女對年老父母的代間支持行為時，仍以西方的交換理論為基礎，而將孝道規範當成在華人樣本上可能同時影響代間支持的特殊額外因素。至於傳統的跨文化比較研究，則認為心理學概念可直接在不同文化之間進行比較，因而直接根據不同文化的樣本在特定概念測量結果上的差異，做出諸如東方人比西方人從眾、欠缺自主性等結論。

而雙元孝道概念對文化與心理的處理方式則與上述各種作法都略有不同，雙元孝道概念雖帶有華人文化特色，但其基於親子關係普遍的心理運作結構本質來界定孝道的內容與運作動機，亦同時適用於探討其他文化下的親子關係，並可透過雙元面向的區隔反映出有意義的文化差異。值得留意的是，當比較東、西方樣本的雙元孝道差異，其目的並不在於根據測量得分的高低判定華人是否更重視「孝道」，否則就落入傳統跨文化比較取向的窠臼。對西方人而言，雖然他們同樣能透過實際生活經驗理解、感受親子關係所涉及的親密情感、角色義務等運作內涵，但在西方社會中，各種親子關係

運作內涵或成分是被切割為不同的概念，各個概念僅局部討論親子關係的某一層面，並不像華人社會中各種有關親子互動的內涵，已在特定歷史發展與思想體系的長期強化之下，相互交織、統整於孝道概念之中。例如：西方青少年研究中常被探討的「父母權威」[30]，以及西方代間連帶理論中常用以探討成年子女對父母奉養支持行為的「規範連帶」[31]（類似家庭規範或價值觀）等概念，都和權威性孝道的內涵有所重疊，但這些個別概念在親子關係運作上的影響範疇都較為片面，不及權威性孝道在同時統攝「輩分—年齡—性別」三種家庭角色階層結構之下，對於個人整體家庭生活的各層面都可能有所影響，且權威性孝道的運作並非只是這些西方相近概念個別內涵、影響效果的加總，而是具有大於各部分總和的更高整體效果。

最後，有關雙元孝道的本土化研究成果，既不是為「復興傳統價值」累積文宣素材，也不宜被曲解為意圖藉由心理學形式重新建構一套「華人的現代倫理」。透過將孝道理解為由日常親子互動情境所自然形成的脈絡化性格變項，雙元模型更希望能轉換孝道在當代華人社會中扮演的角色，使其不再淪為對他人理論與研究進行道德批判或責難的文化工具，而是能幫助每個人透過相互性、權威性面向所對應的心理需求和運作重點，對他人或自己在親子關係中展現的行為模式或心理狀態有更完整的理解。畢竟唯有先從制式教條或非黑即白的對錯之分中跳脫出來，由孝道運作更根本的兩種內在動機對各種實際的言行表現達成個人化、脈絡化的理解，孝道才會是真正有助於培養良好家人關係、家庭凝聚力的價值信念。

從《崖上的波妞》看個體對個體的水平式親子互動

　　《崖上的波妞》是日本動畫大師宮崎駿的電影，劇情有點類似兒童版的小美人魚，主角是生活在海洋中的金魚公主波妞，為了與偶遇的五歲小男孩宗介一起生活，從海裡來到陸上，經歷困難與考驗後，終於成為人類的過程。就和宮崎駿其他的作品一樣，這部動畫電影也帶入了許多社會元素，例如：從波妞上岸的過程呈現出海洋汙染問題；而小男孩母親工作的老人照護中心，也點到了日本高齡社會的老人照顧狀況；但其中最為深入且值得思考的，則是有關親子互動模式的描繪，特別是小男孩宗介與母親理莎的日常互動。

　　就如網路上對劇情內容最常提出的疑問：為什麼小男孩宗介都直呼父母的名字？以本章所強調的親子關係結構本質的雙元性來說：一般習慣的爸爸、媽媽稱呼，就像互動時主要以特定的家庭角色看待對方，由於親子雙方的角色是建立在家庭中權力地位有差異的垂直關係上，在子女眼中，爸爸、媽媽就像是家中握有資源且能做決定的權威，子女與父母互動的重點就是儘量聽爸媽的話、滿足父母的期待，表現出符合一般家庭規範的固定行為，例如：努力考好成績，讓

爸媽有面子。而直呼父母名字這種看似沒大沒小的行爲，在劇中其實就是要呈現將父母視爲有自己獨特性格的個體來互動，此種狀態的親子互動重點就和一般交朋友的過程一樣，是兩個有獨特性格的個體之間水平式的互動，雙方都自然地想多瞭解對方的想法、喜好，也會關心對方每天發生哪些事、心情如何，更重要的是會把自己眞實的情緒和問題與對方分享，而子女在親子互動中表現的行爲則以各種個人化的情感交流與支持居多。

　　當然，實際生活裡的親子關係往往同時揉合了垂直與水平兩種互動性質，不易清楚區隔，只是爸爸、媽媽這樣的稱呼方式，無形中也強化了「角色（媽媽）」與「扮演角色的個人（理莎）」緊緊黏合，讓子女不自覺地以「角色」本身對應的行爲特徵來理解父母。例如：幾乎所有孩子都認爲自己的媽媽很囉唆，囉唆究竟是每個媽媽自己從小養成的性格特質？或是爲了達到社會上對「媽媽」這一角色的要求與期待（保護子女不出任何差錯）所形成的特殊行爲模式？即使子女自認爲在長期互動中，對父母的個人性格再熟悉不過，但或多或少還是會被「角色」本身的性質所干擾；劇中特意安排主角直呼父母名字，或許就是要在稱呼形式上先斷開「角色（媽媽）」與「個體（理莎）」的緊密連結，才能讓個體對個體的水平式親子關係有較完整的呈現與理解。

　　或許有讀者會想，就算從今天開始都讓子女們直呼自己爸媽的名字，難道就能讓雙方建立起朋友式的互動關係嗎？當然並非如此，在劇情中其實有許多細節的鋪陳與描述值得留意。首先，主角宗介的父親是長期不在家的船員，在這樣的家庭脈絡影響下，宗介與理莎的關係原本就比一般親子更緊密些，就是彼此相互支持的生活夥伴；不過，理莎還是有在親子關係中扮演好稱職的母親角色，例如：生活與情感上的照顧、引導孩子社會化、適時糾正行為等，而宗介對於母親的支持都以在五歲小孩能力許可範圍之內來呈現，雖然網路上不少討論認為宗介有超齡的成熟，但其實劇中並沒有子女與父母角色互換的家庭失衡問題。此外，理莎與五歲兒子宗介的互動有幾個特點：（1）小孩再細微的表達都儘量給予回應；（2）在一般生活決策上（不涉及道德或人身安全），儘量尊重小孩的意願；（3）誠實表達出自己的想法與感受，即使必須拒絕子女的要求，也會先好好說明清楚自己做決定的原因，並理解子女當時真正的情緒（不安、失望）後再加以安撫，而不是將安撫的重點放在要求孩子不可以發脾氣。比起稱呼的形式，這些互動上的行為特徵，才是讓水平式親子關係得以運作、維持的關鍵。

　　從宗介的行為表現來看，他會在媽媽難過失望時給予安慰、支持，也會認真聽媽媽的想法，即使與自己意見不同（例如：媽媽希望獨自開車去探視工

第1章

第2章

第3章

第4章

第5章

第6章

作單位的老人，要宗介留守家中），最終還是願意信任、接受媽媽的決定，甚至還用加油手勢送媽媽出門（而不是生悶氣不理媽媽）；這些與媽媽的互動，主要出自於對「理莎」這個人的理解、關心與情感，這些元素正是本章介紹的相互性孝道的運作核心。另外，由宗介與其他人的互動狀況（例如：理莎工作單位所照顧的老人、變成人類的波妞等），也可看到主動關心、照顧他人、開放心胸接納他人或探索新事物等行為模式，而宗介所表現出的同理心、友善、開放性等特質，在筆者過去研究結果中顯示，其實都是相互性孝道高的人較可能具備的性格特質。在過去的經驗中，多數華人讀者很容易就能掌握權威性孝道的意涵，但對於相互性孝道所強調的個體對個體的水平式關係，則有較多困惑，希望透過這樣的說明方式，能更具體地表現出相互性孝道的特徵。

註釋

1. 文中相關數據的搜尋日期為2016年2月3日。

2. 社會科學引文索引：SSCI為「Social Sciences Citation Index」的簡稱，中文譯為「社會科學引文索引」，其創立於1973年，收錄全世界出版的經濟、法律、管理、心理學、區域研究、社會學、資訊科學等社會科學領域之重要論文，並提供檢索功能，讓使用者可迅速查詢研究所需的相關資訊，收錄期刊約1,700餘種，涵蓋主題約50餘種。

　　此資料庫最初雖是為了進行引文檢索而建置，由於其針對所收錄期刊訂定嚴格評選標準，收錄內容具有一定公信力，加上又能提供論文被引用次數，並可和期刊影響係數相結合，後來便逐漸被廣泛應用於學術表現評估。

3. 中研院現代漢語平衡語料庫是專門針對語言分析而設計，蒐集了 1981 年到 2007 年之間出版的 19,247 篇文章，共含括 1,396,133 句數、11,245,330 個詞數（word token）、239,598 個詞形（word type）、17,554,089 個字數（character token）。語料的蒐集儘量做到平衡分配在不同的主題和語式上，是現代漢語無窮多語句中的一個代表性樣本。該語料庫的詳細介紹可參考 http://asbc.iis.sinica.edu.tw/。

4.「中文潛在語意分析 website」係由柯華葳教授所建立，此網站中的最接近詞查詢網頁為 http://www.lsa.url.tw/modules/lsa/lsa_near_neighbors.php。潛在語意分析探討的是隱藏在字詞背後的某種關係，這種關係不是以詞典上的定義為基礎，而是以字詞的使用環境作為最基本的參考。關於潛在語意分析的學理基礎，可參考陳明蕾、王學誠、柯華葳（2009）發表於中華心理學刊的論文——〈中文語意空間建置及心理效度驗證：以潛在語意分析技術為基礎〉。

5. 以東亞社會調查資料庫進行跨國分析的研究結果可參考：Yeh, K. H., Yi, C. C., Tsao, W. C., & Wan, P. S.（2013）. Filial piety in contemporary Chinese societies: A comparative study of Taiwan, Hong Kong, and China. *International Sociology, 28*（3）, 277-296.

6. 西班牙文與阿拉伯文版的孝道測量工具研究可參見：Kao, H.

第1章

第2章

第3章

第4章

第5章

第6章

F. S., & Travis, S. S.（2005）. Development of the expectation of filial piety scale-Spanish version. *Journal of Advanced Nursing, 52*（6）, 682-688. 與 Khalaila, R.（2010）. Development and evaluation of the Arabic filial piety scale. *Research on Social Work Practice, 20*（4）, 356-367.

7. 見 Lowenstein, A., & Daatland, S. O.（2006）. Filial norms and family support in a comparative cross-national context: Evidence from the OASIS study. *Ageing & Society, 26*, 203-223.

8. 見 Hamilton, G. G.（1990）. Patriarchy, patrimonialism, and filial piety: A comparison of China and Western Europe. *British Journal of Sociology, 41*（1）, 77-104.

9. 見楊國樞（1985）。〈現代社會的新孝道〉。《中華文化復興月刊》，19卷1期，51-67。

10. 見 Sung, K. T.（1995）. Measures and dimensions of filial piety in Korea. *The Gerontologist, 35*（2）, 240-247.

11. 見 Maeda, D.（2004）. Societal filial piety has made traditional individual filial piety much less important in contemporary Japan. *Geriatrics and Gerontology International, 4,* 74-76.

12. 見 Chow, N.（1991）. Does filial piety exist under Chinese Communism? *Journal of Ageing & Social Policy, 3,* 209-220. 與 Deutsch, F. M.（2006）. Filial piety, patrilineality, and China's one-child policy. *Journal of Family Issues, 27*（3）, 366-389.

13. 見何日取（2013）。《近代以來中國人孝觀念的嬗變》。南

京大學社會學系博士論文。

14. 見 Lum, T. Y. S., Yan, E. C. W., Ho, A. H. Y., Shum, M. H. Y., Wong, G. H. Y., Lau, M. M. Y., & Wang, J.（2015）. Measuring filial piety in the 21st century: Development, factor structure, and reliability of the 10-item contemporary filial piety scale. *Journal of Applied Gerontology,* DOI: 10.1177/0733464815570664.

15. 見 Wang, D., Laidlaw, K., Power, M., & Shen, J.（2010）. Older people's belief of filial piety in China: Expectation and non-expectation. *Clinical Gerontologist, 33*（1）, 1-18.

16. 見 Wong, O. M. H., & Chau, B. H. P.（2006）. The evolving role of filial piety in eldercare in Hong Kong. *Asian Journal of Social Science, 34*（4）, 600-617.

17. 見 Giddens, A.（周素鳳譯）（2001[1992]）。《親密關係的轉變：現代社會的性、愛、慾》。臺北：巨流。

18. 見 English, J.（1979）. What do grown children owe their parents? In O. O'Neill & W. Ruddick（Eds.）, *Having children*: *Philosophical and legal reflections on parenthood*（pp. 351-356）. New York: Oxford University Press.

19. 見 劉欣怡（2007）。《蘭嶼達悟族老人照護關係：護理人類學民族誌》。臺北市：稻鄉。

20. 見 呂妙芬（2011）。《孝治天下：「孝經」與近世中國的政治與文化》。臺北市：聯經。

21. 見 Mottram, S. A., & Hortacsu, N.（2005）. Adult daughter aging mother relationship over the life cycle: The Turkish

case. *Journal of Aging Studies, 19*（4）, 471-488.

22. 見 Mc-Cann, R. M., Dailey, R. M., Giles, H., & Ota, H.（2005）. Beliefs about intergenerational communication across the lifespan: Middle age and the roles of age stereotyping and respect Norms. *Communication Studies, 56*（4）, 293-311.

23. 見劉碧素（2006）。《探討影響世代孝道行為之相關因素》。國立臺北護理學院護理研究所碩士論文（未出版）。

24. 見 Chen, W-W., &Wong, Y-L.（2014）. What my parents make me believe in learning: The role of filial piety in Hong Kong students' motivation and academic achievement. *International Journal of Psychology, 49*（4）, 249-256.

25. 見 Jin, L., Yuen, M., & Watkins, D.（2007）. The role of filial piety in the career decision processes of postgraduate students in China. In J. A. Elsworth（Ed.）, *Psychology of decision making in education, behavior and high risk situations*（pp. 243-255）. New York, NY: Nova Science Publishers.

26. 見黃瓊慧（2010）。《成人完美主義、孝道信念與心理健康之相關研究》。臺灣師範大學教育心理與輔導研究所碩士論文。

27. 見黃兆慧（2005）。《「滯家青年」：家庭危機的守護天使？——以脈絡化觀點詮釋青年社會退縮者的滯家現象》。國立臺灣師範大學教育心理與輔導研究所碩士論文。

28. 見李雅文（2006）。《早年家庭暴力經驗與創傷修通對心理治療者效能影響之研究》。國立臺灣師範大學教育心理與輔導研究所碩士論文。

第1章
第2章
第3章
第4章
第5章
第6章

29. 見 Lan, P. C.（2002）Subcontracting filial piety: Elder care in ethnic Chinese immigrant families in California. *Journal of Family Issues, 23*（7）, 812-835.

30. 見 Smetana, J. G.（2000）. Middle-class African American adolescents' and parents' conceptions of parental authority and parenting practices: A longitudinal investigation. *Child Development, 71*（6）, 1672-1686. 與 Darling, N., Cumsille, P., & Martínez, L.（2008）. Individual differences in adolescents' beliefs about the legitimacy of parental authority and their own obligation to obey: A longitudinal investigation. *Child Development, 79*（4）, 1103-1118.

31. 見 Hammarstrom, G.（2005）. The construct of intergenerational solidarity in a lineage perspective: A discussion on underlying theoretical assumptions. *Journal of Aging Studies, 19,* 33-51.

延伸閱讀文獻

1. 有關孝道雙元模型理論發展過程及系列研究介紹，曾以「靶子論文」的專題形式刊登於《本土心理學研究》32期，共包含筆者撰寫的論文、四位評論人的意見、筆者對評論意見的回應。以下僅列出其中兩篇論文，有興趣的讀者可再參閱該專題完整內容：

葉光輝（2009）。〈華人孝道雙元模型研究的回顧與前瞻〉。《本土心理學研究》，32期，101-148。

葉光輝（2009）。〈再論華人孝道雙元模型的幾個關鍵性議題〉。《本土心理學研究》，32期，207-248。

2. 有關孝道雙元模型近年在高齡化議題上的應用研究，可參考以下兩篇文獻：

曹惟純、葉光輝（2014）。〈高齡化下的代間關係：臺灣民眾孝道信念變遷趨勢分析（1994-2011年）〉。《社會學研究》[中國]，170期，116-144。

葉光輝、曹惟純（2014）。〈從華人文化脈絡反思臺灣高齡社會下的老人福祉〉。《中國農業大學學報（社會科學版）》，31卷3期，30-46。

第 3 章
雙元自主能力
讓華人也能做自己

CHARACTER

雙元自主能力
讓華人也能做自己

自我與自主：「做自己」的心理學定義

在華人世界，「自主（性）」其實翻譯自英文「autonomy」一詞，且較偏向被當成專業術語使用。對一般讀者而言，「自主」可能是個較模糊的概念，為了以較容易理解的方式介紹「自主」概念的內涵及其演進，此處將對照生活中常用的「自我」概念，來說明自我、自主與做自己三者之間的關聯。「自我」一詞在華人日常口語使用中帶著某些負面意涵，指陳個人只關注自身的慾望和需求，相對忽略周遭他人的感受與需求。然而，心理學所討論的「自我」其實是個偏中性的概念，主要反映「每個人對自身能力、價值、行事風格等所形成的整體看法與評價」，這樣的定義其實只強調「自我」所涵蓋的範圍遍及與個人有關的各種面向（例如：身材外表、人際關係品質、聰明才智等），甚至可統合個人的各種性格特質與角色身分，成為讓人感受自身獨一無二存在意義的根本來源，並未涉及任何負面意義。

不過每當人們深刻地感受到「內在真實的自我」時，往往都是在自己的想法或行為與外在情境、他人之間出現衝突之際，特別是在無法依循自己意願行事的狀況下，更能從這種限制或不自由的狀態中清楚感知「真正的自我」。在遭逢阻

礙時才更清晰顯現出的「自我」，一方面突顯出「自我概念」並非孤立地封閉於內在心靈之中，其不僅是透過社會互動中他人的回饋或與他人的比較而形成，甚至可以說自我概念的運作脈絡就是以「人我關係」、「人與所處世界的互動」為基礎。另一方面，這也同時隱含了每個人自我概念的內容或許各有不同，卻總是需要落實到行動中，並透過個人的經驗不斷累積、整合。如此一來，我們所感受到的「自我」才能反映個人行動背後最真誠、真實的想法與意圖，而非受制於外在因素的不得已妥協或有意偽裝。

　　由於單憑外在言行無法直接確認個人是否表現出真實的自我，因此還必須同時考量「自主」這一概念——也就是個人能依據自身意願主導各種行為或選擇的程度。換言之，所謂的「做自己」，同時涉及了自我概念與自主概念兩個層面，個體除了在成長過程中對自我逐漸形成清晰、統整的理解，還必須能在各種生活情境中，依循自己的意願，將個人內在自我真正重視、認同的價值主張，透過行為實踐具體表達出來。在心理學對「自我」的研究中，經常討論理想我－實際我之間落差所造成的負面影響，因為當個人對自己的認識無法落實到具體行動中時，除了對自我概念的統整造成傷害，也會讓人對自己的行為失去內在控制感，長久以往則會讓人逐漸陷入消極、自我否定的狀態。因此，自我與自主雖是不同的概念，卻有相輔相成、難以切割的關係。

　　「自我」與「自主」其實都是西方哲學界長期探討的核心議題，從蘇格拉底開始，西洋哲學就聚焦於探討「人性本質」，除了分析人之所以異於其他動物的核心本質，也涉及探

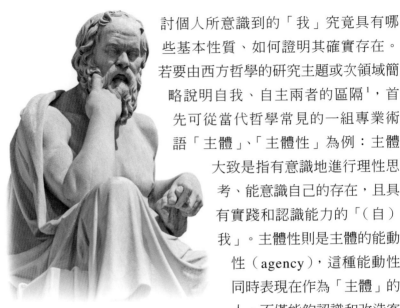

蘇格拉底雕像

討個人所意識到的「我」究竟具有哪些基本性質、如何證明其確實存在。若要由西方哲學的研究主題或次領域簡略說明自我、自主兩者的區隔[1]，首先可從當代哲學常見的一組專業術語「主體」、「主體性」為例：主體大致是指有意識地進行理性思考、能意識自己的存在，且具有實踐和認識能力的「（自）我」。主體性則是主體的能動性（agency），這種能動性同時表現在作為「主體」的人，不僅能夠認識和改造客觀世界，還能主導自己的行為；換言之，主體性也就是個人依循自由意志決定自身行動的自主能力。

此外，哲學領域中所討論的「心靈」（或早期所稱的「靈魂」），其實和心理學所指的「自我概念」或將個別生理過程統整為具體經驗的「自我運作系統」十分相近。而自主（或譯為自律）則是道德哲學或倫理學經常探討的問題，甚至被視為個人道德行動的本質，如皮亞傑（J. Piaget）與柯柏格（L. Kohlberg）兩位心理學家各自提出的道德發展理論，就都承襲了康德（I. Kant）道德哲學的觀點，以他律、自律來區分個人道德發展的階段與層次。其中，「他律」（heteronomy）是指個人的道德行為出自對外在權威的服

從，或受制於既定的外在規則，例如：法律或傳統規範等；自律（autonomy）則如字面「自為法律」之意，表示個人可根據自己的理性思考建立道德判斷，道德行動出自個人內在的價值認同，而非只是對法律規定內容、社會習俗等外在規範的絕對服從。這和自主性概念所強調的，不受外在限制、能依照個人意願將真正認同的價值透過行為加以實踐亦有共通處。最後，心理學與社會學皆是近代才從哲學領域獨立出來的年輕學科，這兩個學科各自的研究焦點在某種程度上也分別對應著自我與自主之區隔。對於從個體自身內在層面探討其行為的心理學而言，「自我」類似於內在心智運作系統的統稱；對心理學不同次領域而言，「自我」可能被定義為如電腦般運作的理性計算系統，也可能是一套連結「刺激－反應」的行為習慣系統。但心理學除了探討自我的內涵成分，還根據在各種自我運作層面上可能出現的差異將人進行基本分類，例如：各式各樣可反映人與人之間重要個別差異的特質或性格概念，都可算是自我概念的一部分。至於偏重從社會文化結構層次解釋個人行為的社會學，則將「自主」轉化為「能動性」概念，正如自主一詞最初是應用於古希臘政體的討論，代表不受制於城邦或他國的外力統治、而擁有自己管理自己的地位。當代社會學領域的「能動性」概念，即是探討在既定的社會文化結構限制下，個人如何能依循自由意志而行動。

從上述各個對照範例可看出，「自主」或「由自己做主」最重要的意涵即是：個人的行為不受各種外在因素影響。不過這樣的文字陳述很容易讓人誤解，只要沒有他人干

擾、反對，個人的任何決定或行為必然是自主的。然而，所謂外在因素的影響未必僅止於他人反對或其他具體可見的強迫力量。例如：在選擇未來職業時能堅持選擇自己真正的興趣，不因父母反對而改變志向，當然是自主的表現；但很多時候即使父母未提出反對意見，個人仍可能因為自己的其他顧慮（例如：不易成功、不易謀生等），放棄真正有興趣的志向，轉而做出較保險、符合主流價值的選擇。此時，個人的選擇雖沒有受「特定他人」影響、亦非出於受脅迫，甚至還是經過自己深思熟慮所自行決定的最佳選項，但這樣的行動選擇仍未達到完全自主，因為其「並未完全反映出個人真正的自我」；換言之，個人並未選擇自己真正認同的選項，而是選擇了主流價值系統所偏好的選項。因此，當此種退而求其次的選擇不如預期順利時，個人往往較容易放棄、不願意為自己的選擇結果負責，甚至認為「這本來就不是我真正想要的」。即使這樣的選擇恰好得到順利的結果，個人也可能還是帶著遺憾，並沒有實踐內心理想或達成自我實現時會感受到的滿足喜悅。或許也正因為所謂「外在影響力」的作用方式相當多元、細微，才讓「自主」概念的界定與測量充滿難度。

自主概念之所以成為當代重要的心理學議題，不僅因為它是讓內在真實自我得以展現出來的能力，更重要的是，它也和讓自我得以展現的基本情境脈絡密切相關。在此，我們先從穿著打扮這項生活中最普遍的「表現自我」行為看起，例如：青少年刻意選擇奇裝異服即是一種表達自我獨特性的方式，相較之下，當大家毫無選擇只能穿著一模一樣的制服、留著一樣的髮型，則每個人的「自我」似乎都被群體的

第1章

第2章

第3章

第4章

第5章

第6章

一致性所掩蓋了。由此可知，自我其實是在一連串選擇結果中逐漸成形，且為了維持自我概念的穩定存在，也需要不斷透過各種選擇，繼續強化個人所認知到的自我。

在現代社會中，個人面臨的選擇相當龐雜，且和消費文化緊密結合，無微不至地滲透到日常生活各層面，從穿著打扮、飲食、活動場所到遣詞用字或語言使用習慣（例如：喜歡夾雜英文、使用某些流行語）等無數的小選擇，和其他常見的人生重要選擇（如：職業選擇等），共同構成了「我」的獨特形象與風格。這些多面向的選擇過程與結果是否都真正由自己做主，對於個人的自我統整、整體發展適應而言也就更形重要了。在下一節對西方心理學主流的自主性理論介紹中，目前最著名的「自我決定論」，就直接透過理論名稱反映出自主和面臨選擇或決定的情境密不可分。在心理學領域，自主性和自我概念、自我認同一樣都是從青少年轉變為成人或發展成熟的重要指標；基於學科特性的影響，心理學對自主性的討論，也更偏重從個體層次探討行為的內在動機程度、對行為的歸因或主控感受，以及達成自主所必備的各種心理能力。

消費文化從日常生活各層面影響現代人的自我認同

誰的自主性：一個概念、各自表述

　　不同於上一章介紹的孝道，自主性概念不僅源自西洋哲學，且和歐美歷史上城邦、公民社會等政治制度發展脈絡緊密結合。對華人而言，自主性是直到這一百年間才隨社會轉型歷程而逐漸廣為人知的新語彙，這樣一個與華人日常生活、文化特色脫節的外來概念，為何會成為華人本土心理學研究的主題呢？它真的適合被「重新改造」為本土化的心理學概念來探究嗎？

　　本書開頭介紹過，早期文化取向的心理學研究始自對國民性格的探討（即不同國家的人民是否展現出不同的民族性）。在各種性格相關概念中，最常被用來探討、比較文化差異的正是能反映「個人整體性格與價值觀」的自我概念。最常見的跨文化心理學研究，通常是根據西方學界所提出的自我概念，將原本英文版的自我概念測驗問卷翻譯成各種不同語言版本，對不同文化、國家的民眾進行測量，再根據民眾的自我概念得分進行跨文化比較。此類型研究也不斷重複得到類似的比較結果：當基於東、西方文化差異進行比較時，西方（歐美）文化下的民眾具有較高、較正面的自我概念；相對而言，東方文化下的民眾（例如：日本、華人社會等）則持有較低、較負面的自我概念。不過，就如前一節所強調的，自我概念涵蓋層面廣泛，且和自主概念經常呈現互為表裡的密切關聯，因此，東方民眾呈現出「較低的自我概念」這一統計結果，在理論上往往被詮釋為：不夠獨立、欠缺明確的自我主張、易受外界或他人的影響等特徵。由這些心理

與行為運作特徵來看，所謂的「自我概念低落」，幾乎就等同欠缺自主性，無法在生活中主導各種選擇以展現自己的獨特性。多數研究也將東方民眾較低的自我概念或自主程度歸咎於受集體主義文化的影響，如此一來，用以代表東、西方文化運作特徵的集體主義、個體主義這組概念，也從原本僅是單純描述不同文化之間的差異，轉而被賦予高低優劣的價值判斷意涵，且持續強化西方文化的整體優勢。心理學領域最初的文化比較架構，主要就是針對西方學界既有的自我概念提出補充，其研究訴求強調：任何看似最基本、普遍存在的心理學概念（例如：自我概念），其核心內涵仍可能受文化脈絡型塑而有所不同；在界定任何心理學概念時，必須保持一定的文化敏感度，避免將基於單一文化運作特徵所發展的概念或理論，強加於其他文化的個體，否則將導致錯誤的比較結果與解釋。

在完整考量東方集體主義、西方個體主義兩種不同文化的基本運作特徵下，早期的本土心理學者多半藉由擴充原本單向度的自我概念，以利直接反映出自我概念成分中包含的文化本質。例如：最早針對平衡文化差異所提出的「獨立我與互依我」概念[2]，就是先為西方學界早已發展出的自我概念冠上與其文化運作特徵對應的描述──「獨立」，再根據東方文化的運作特徵，另提出與「獨立我」平行並立，且適用於東方文化的「互依我」概念。臺灣學者針對華人提出的雙文化自我理論架構，也同樣包含「個人取向」、「社會取向」兩種自我概念[3]。在前述兩類涵蓋雙文化的自我概念架構下重新進行比較則可發現：東、西方民眾分別只在與自身所處文化

特徵對應的那一類自我概念上，展現出較高的運作程度。因此，真正受文化影響而有差異的是自我概念的內涵，而非自我概念清晰程度或自主程度的高低，若只以互依我或社會我這兩種自我概念的定義為基準，西方民眾也同樣顯得欠缺清晰的自我認同、不夠自主。只是在理論架構中新增加契合於東方文化的自我概念，仍無法解決兩類自我概念何者更具適應優勢的爭論；尤其兩類自我概念的核心差異在於個人普遍的行為動機分別是以個人或集體為優先，也導致互依我、社會取向自我等概念仍常遭受「壓抑個人主張以維持集體一致性」的誤解。因此，與其只是擴充自我概念可能的展現形式或內涵，不如直接探討「自主性」的定義是否帶有文化偏誤會更切中問題的核心，自主性也因而成為本土心理學自我概念相關研究的重要議題之一。前述曾提出獨立我／互依我概念架構的兩位學者，就曾在2005年延伸探討社會文化脈絡對個體自主性的影響，並區隔出分離自主（disjoint agency）、連結自主（conjoint agency）兩種分別對應於獨立我、互依我的自主概念[4]。

在當代華人的生活用語中常將「獨立自主」合併使用，此種習慣其來有自；事實上，西方心理學界初期的自主性研究，就以「獨立」作為自主的關鍵要素。早期的心理分析學者在探討青少年的自主性發展時就主張：當個體從兒童階段過渡到青少年階段時期，必須要能夠從對父母既有的認同與情感依附關係中抽離出來，逐漸擺脫父母的影響，發展出個人獨立觀點，如此，才有利於其身心適應發展，且較容易與家庭之外的他人建立良好關係。具體而言，在心理分析論觀

點中，個體自主發展程度的重要判準即在於：能否在認知、行為及情感面向上與父母確實分離，進而發展出個人獨特的特徵。國內外確實有不少實徵研究結果都支

當發展遇到嚴重瓶頸時，有些青少年可能會出現自殺意念

持這樣的論點，例如：當青少年和父母之間存在難以分離的高度情感連結時，除了不利於青少年自主性的發展，也容易導致青少年在性格、飲食習慣等方面發生問題，嚴重時甚至會產生自殺意圖。相對來說，與父母在情感上能順利切割、達成去依附狀態的青少年，則在自我認同、學業表現及兩性關係上都有較好發展。

　　以情感上獨立、與父母分離的強度來定義自主性看似有其道理，卻容易造成過猶不及的侷限。畢竟人際親和或關係連結原就是人類基本的心理需求，一味強調情感上的獨立、分離，就和過度依賴他人一樣可能造成心理困擾。例如：曾有學者在回顧一系列基於心理分析論所界定的自主性研究結果後指出：青少年在親子情感或代間連結上的分離狀態，並非全然有利於青少年的身心健康及自主發展[5]。從生活周遭的案例也不難發現，很多在成長過程中被父母親忽視的青少年，雖然在親子情感上呈現高度分離狀態，但他們的身心適應狀況未必較健康，也可能在情感上轉為過度依賴其他對象以尋求彌補。

在青少年自主概念定義的爭論下，自主性的核心成分不再是「親子關係的分離」，取而代之的是「子女本身對各種行動、價值選擇的自我決定程度」。個體從青少年邁入成人的過渡階段中，雖然會逐漸尋求更多的自我隱私、經驗到自己與父母間逐漸增多的差異分化，以及不再認為父母具有完美的能力與形象等，可是這些改變並不等於親子情感或代間連結的切割或分離，而是青少年能開始對自己的各種價值選擇與行動形成認可，或在生活選擇或行動當中經驗到自我決定的主控感受。換言之，即使在認知上與父母持有一致的價值觀，或是與父母間有良好的情感依附關係，只要這些價值觀、親子互動模式是基於子女個人的意願、認同而做出的選擇，也就同時展現了自主性。

此種強調自我主控、自我認可、行為內在動機的自主觀點，雖有許多學者提及，其中集大成者則是美國學者萊恩（R. Ryan）與德西（E. Deci）提出的「自我決定論」（self-determination theory）[6]。此理論主要透過區隔出不同等級的內在動機強度，以評估個體在特定行動或選擇上展現出的自主程度，是當代心理學界最常被引用的自主性理論。非西方學者則多半沿襲文化取向的自我概念建構方式，從文化比較層次擴充自主性的定義內涵，除了前文介紹過的分離自主、連結自主這組概念之外，也曾有土耳其學者[7]以人際距離、主控性兩種向度的區隔來說明，個人行為所追求的人際目標是分離或連結並不影響行為本身的自主程度；換言之，以追求關係連結為目標的行為也可能是自主的，而追求獨立不受他人影響、與他人維持一定心理距離的行為也可能是非自主的。

目前有關自主性的心理學研究大致呈現上述兩種發展趨勢，其中又以翻轉傳統獨立、分離定義的自我決定論觀點蔚為主流。近期跨文化取向的相關研究，也多以「自我決定」或「內在動機」作為自主性的基本定義，進而區分出對應不同文化運作特徵的自主概念。其餘研究則是針對自主性的內涵進行延伸探討，例如：從不同的心理運作層面界定出認知自主或情緒自主等概念。

自主概念在心理學領域的演進過程中，已與文化心理學、本土心理學的基本議題逐漸結合。表3-1彙整了前文提及的一些文化取向自我概念架構或自主理論，由此不難看出這些理論皆以對比東、西方文化差異作為基本框架，在西方提出的自我概念或自主概念之外，增加適用於東方文化的對應概念。雖然這些理論在架構上都呈現雙元向度的形式，各自的理論內涵卻不盡相同，例如：日本學者提出的「獨立我／分離自主」與「互依我／連結自主」兩向度，分別代表不同文化的自我概念、自主性類型。臺灣學者針對華人提出的雙文化自我，則強調當代華人在現代化過程中已逐漸將西方價值觀共同融入生活中，因此，當代華人同時具備個人取向、社會取向兩種反映不同文化的折衷自我概念。至於土耳其學者卡吉策巴希（Kagitcibasi）所提出的自主分離的自我、自主連結的自我，在概念命名上和馬庫斯（Markus）與吉塔亞瑪（Kitayama）提出的連結自主、分離自主幾乎相同，但卡吉策巴希特別強調：唯有「自主—連結」的自我運作模式能同時兼顧行動主控性與人際連結兩種基本心理需求。

表3-1　以文化差異為基礎的自我概念與自主理論架構及其共同特徵

理論提出者	西方個體主義文化的自我／自主	東方集體主義文化的自我／自主
馬庫斯、吉塔亞瑪（Markus & Kitayama）	獨立我 分離自主	互依我 連結自主
楊國樞	個人取向自我	社會取向自我
卡吉策巴希（Kagitcibasi）	自主—分離的自我	自主—連結的自我
	個體主義自我／自主概念之共同特徵	**集體主義自我／自主概念之共同特徵**
行動好壞的評價標準	以自我為焦點 獨立於他人 表現個人喜好、意圖	以關係為焦點 關注他人 形成相互依賴關係
行動結果反映的內涵	反映自我本質，由行動者個人承擔	反映關係本質，由涉入關係的成員一起承擔
行動風格	主動控制與影響周遭人事物	主動參照與調適周遭人事物

　　許多讀者可能會很疑惑，既然自我、自主概念已經有這麼多不同理論了，既包含來自不同社會、文化的理論，也涵蓋跨文化比較、本土心理學等各種不同研究取向，為什麼還需要針對同一個主題不斷提出看起來極其類似的新理論呢？究其根本原因，除了每個理論各有其優勢與侷限，總有可以繼續補充、修正之處，另一方面，自我、自主這類研究課題並不容易發展出能提供客觀標準答案的理論，迄今臺灣也有

不少研究仍直接沿用心理分析論的分離、獨立觀點探討青少年自主性的發展。因此，自主性的整體理論發展趨勢雖已逐漸展現出文化多元性，但有關華人自主性的本土理論仍較少見，不同華人學者對於自我概念或自主性的理論觀點也仍欠缺真正共識，為了持續與基於西方理論觀點形成的主流研究取向進行對話，各種嘗試從不同角度提出文化反思的新理論也就不斷因應而生。本章所要介紹的雙元自主性模型（the dual autonomy model），雖在形式上也同樣呈現「雙元向度」的基本架構，卻不同於以往從文化層次切入所形成的雙元並立自我概念，而是回到心理學研究的核心，從個體層次的基本心理需求提出能反映出適切文化差異的自主概念，其具體模型內容將於下一節中介紹。

一體成形、雙元架構：兼顧動力、目標與實踐效能的自主概念

在雙元自主性模型提出之前，已有不少探討自主性、自我概念的理論，這些理論雖都基於批判強調「獨立、分離」的自主性定義，也強調自主性和關係連結（人際連結）兩種基本需求並不對立互斥，不過在概念內涵上卻仍因各自偏重特定訴求（例如：突顯文化差異的影響），而難以真正展現出自主性、關係連結兩種心理需求的跨文化普遍性，並導致不同理論觀點雖標舉類似的訴求，卻很少進行實質的交流、整合。雙元自主性模型即是以解決此種侷限為出發點，一方面從更寬廣的角度重新思考如何將文化運作效果反映在自主性

概念中，另一方面嘗試將既有的自主性研究成果完整表達於合適的理論架構中。具體而言，雙元自主性模型的發展主要奠基於和下列三類理論觀點的對話：自我決定論觀點、文化心理學觀點、多元能力與自我效能觀點。以下將介紹雙元模型與這些理論觀點的異同，讓讀者先熟悉心理學界對自主性概念的討論重點，再進一步說明雙元自主模型的理論內涵。

首先，西方主流的**自我決定論觀點**，其實是雙元自主模型在理論建構上最重要的對話對象，也為雙元模型提供了深層的理論基礎。然而，雙元模型並非只是單純沿用或批判自我決定論，而是由華人本土心理學的角度思考，挖掘出其針對自主性的普遍心理本質與運作原則提出的觀點，可能引起哪些文化誤解，以讓自主性在心理學中的基本定義更具文化敏感度。雙元自主模型與自我決定論的深刻聯繫來自下列兩項共同理論假設：（1）單從行為本身無法判斷其自主程度，例如：青少年刻意的奇裝異服固然有可能是透過展現個人獨特性，但也可能只是希望得到他人注意的從眾行為；因此，判斷自主與否的關鍵在於行為是否源於個人的內在動機或依循自我意志而決定。（2）自主性、關係連結、自我效能感是三種最重要、基本的心理需求[8]，在任何文

刻意奇裝異服的青少年，也是成長印記

化中，個體都必然同時追求這三種需求的滿足，因此這些需求之間是彼此獨立的，自主的個體也可能同時高度重視人際之間的緊密連結。

不過，自我決定論觀點為了推翻早期位居主流的心理分析論觀點，偏重於提出能徹底屏除「分離、獨立」迷思的全新定義，因此在理論或測量上都只以行為動機的內化程度作為判斷自主程度的唯一標準，但這樣的定義也帶來了一些非預期的問題：（1）行為動機雖比行為本身更能有效反映自主程度，但內在動機的本身定義似乎又隱約繞回了對分離、獨立、不受外在人事物影響的強調。（2）對自身行為動機進行精準判斷原就有一定難度，尤其當個人動機的內化程度被文字陳述劃分為多個不同層次時，個人的自我評估是否能精細到真實反映出自主程度的差異就更值得商榷了；況且個人行為的自主與否，往往並非在做出行為決策的當下就可斷論，很多時候必須經由長期堅持程度、後續遭遇挫折時的行為反應等歷程，才得以完整判斷個人對自身選擇的自主程度。因此，雙元自主模型即是在接受自我決定論的基本理論假設下，另透過不同的概念界定與測量方式，以減少其可能產生的非預期問題。

其次，**文化心理學取向的相關理論**則和雙元自主模型在概念架構形式上有高度親近性，不過雖然同樣強調心理學知識的本土化，且將自主性區分為兩種向度，但雙元模型的理論訴求並非以突顯文化差異為優先，因而與既有的文化取向理論不盡相同。在一般的文化取向自我或自主理論中，雙元向度反映的通常是與東、西方文化對應的特定自我、自主

運作類型，例如：互依我、獨立我或連結自主、分離自主。雖然此類理論觀點也逐漸同意：尋求個人獨特性與關係連結皆是人類普遍共有的基本心理需求，只是不同文化脈絡可能強化對其中某種需求的重視程度。但為了加強文化差異的對比，其理論架構往往無法提供兩類自我或自主運作模式共存於單一個體之內的可能性，亦即任何個體只能基於其所處文化的特徵形成某種固定的自我或自主類型。即使曾有其他本土心理學者提出華人可透過社會現代化轉型，同時擁有個體與集體取向雙文化的自我觀念，但這樣的解釋依然無法直接說明歐美民眾是否能、如何能形成雙文化自我。至於雙元自主模型則強調在兼顧兩類需求的心理普同性與文化脈絡強化效果之下，任何個體皆得以發展出讓兩種自主性向度共存於自身之內。

最後，在批判「分離、獨立」定義的西方自主性理論陣營中，另有一派強調將自主性界定為「讓個人得以實踐自我意願的相關心理能力」（而非動機），此種**多元能力與自我效能觀點**，將自主性定義為透過認知、情感、自我調控三種層面的能力分別達成態度、情緒與功能自主[9]。為了將自主性的內涵從單純的當下動機判定，擴充為一套融合動機、決策與執行能力、可反映較長久實踐歷程的行為模式，雙元模型對自主性實質內涵與測量內容的界定即以多元能力觀點為參考基礎。不過，原本多元能力觀點的自主性定義仍隱含某些文化偏誤，例如：情緒自主的測量就包含「聽從他人意見而改變心意」（表示情緒自主程度低）一題，此題屬於直接從行為本身所反映的獨立程度來判斷自主程度，這除了忽略個體有

第1章

第2章

第3章

第4章

第5章

第6章

可能在反思過程中深刻認同他人意見，因而發自內心改變想法，也導致華人重視集思廣益、尋求整體平衡之思考決策習慣容易被貶低為不夠自主的表現。此種逐漸流於隱微的文化偏誤，也讓雙元自主模型最終仍堅持保留可同時反映心理普同性與文化脈絡影響力的「雙元向度」作為基本架構，而非直接以自主能力所涉及多元面向作為理論的基本向度。

　　整體而言，雙元自主性模型的理論內涵其實很容易理解，因為所有的理論成分幾乎都來自上述三種既有觀點的研究成果，唯一不同的是，這些成分最終各自依其全新的理論位置融貫於雙元模型中，而雙元模型所做的微幅調整包含：（1）重新界定自主性、關係連結、自我效能感三者的角色位置：雙元模型雖同意自我決定論所提出的三種基本心理需求，但它們未必是以三足鼎立的方式，平行存在於個體的內在運作系統中。雖然既有的理論矛盾集中在自主性與關係連結兩者難以統整，但這三種心理運作成分其實都和「做自己」密切關聯，有必要同時納入考量（三者的理論角色關聯，詳見下一段說明或參考圖3-1）。（2）重新調整個體主義與集體主義兩種文化運作特徵的描述重點：自主性與關係連結兩者的難以統整，其實源自於將「尋求人際上的獨立、分離」視為個體主義的核心運作特徵以及自主性的發展基礎，導致其與「關係連結」形成無法消解的對立與互斥。「分離—獨立」取向的自主定義雖已逐漸受到批判，但「個體主義」價值的外在行為展現往往還是以獨立、分離等特徵最為明顯具體，且許多強調自我價值的英文語彙，在翻譯時必須透過「強調不受他人、外在限制影響」強化其意涵，也讓自主概

念始終與個體主義文化既定的特色難以區隔。因此，雙元模型選擇使用較中性的「個體化」一詞，以其代表個體主義文化所強調的「尋求個人獨特存在價值或意義」之理念核心，使其不再與「人際獨立、分離」有所重疊混淆，也讓個體化、關係連結兩者能成為普遍影響所有個體生活適應的基本心理需求。（3）結合雙元向度與多元能力面向形成兩層次架構，一方面突顯出兩種自主性都需具備認知、情緒、策略規劃與執行三種相同面向的能力，確保不同文化所強調的自主性，其實在能力要求與自主程度上並無高下之分；另一方面透過反映自我運作基本目標的雙元向度名稱，將三種能力面向下的具體能力內涵，依其所欲達成的目標性質差異做出較細緻的區隔。

　　若以本章開頭對自我與自主這對概念的介紹來看，雙元自主模型所謂的「自主性」其實就是「做自己」的能力，因此，它既融合了「對自我基本運作目標的設定」與「由自己主導、主控行為決策過程與結果的感受」，同時也讓文化或情境脈絡可對「自我基本運作目標的設定」產生合理的影響效果。其中，「自主性」在雙元模型中是扮演最基本的行為動力，主要反映個人在行為決策過程與結果中都能展現出其自由意志與內在價值認同，且能產生到由自己決定、主導的控制感。而「個體化」、「關係連結」則是自主動力所要實踐的兩種「自我基本運作目標」，其中，個體化自主是指個人行動實踐以表達自身獨特存在價值與意義為基本目標，關係自主則是指個人的行動實踐以促進人際間的相互理解、實質和諧為基本目標，這兩種目標的內容雖有明顯差異，但都可以是

第1章

第2章

第3章

第4章

第5章

第6章

個人自由意志、內在價值認同的展現。此外，這兩種目標不僅是同時並存於個體之內的基本心理需求，當個體面對各種行動決策時，也需要在兩者之間達成平衡或選擇。至於文化脈絡雖可能強化其中某種「自我基本運作目標」，但任何個體都仍會同時追求這兩種目標的滿足，例如：華人文化的確會強化「關係連結」這一自我運作目標，但並不表示華人在任何情境中都只以促進人際連結為目標，完全屏除追尋個體獨特意義的需求。在不同情境脈絡下，華人不僅可以依自身的意願在兩種可行的基本目標之中做出合適選擇，也可能選擇在兼顧兩種目標下尋求平衡。而自主動力與兩種自我基本運作目標的連結之所以有如此彈性，正是因為雙元模型將「代表特定基本目標得到實踐」的兩種自主性界定為可反映個人實踐能力高低的「自我效能感」形式。

　　由於自主狀態的達成並沒有絕對的單一指標，它不僅是一段動態的發展歷程，同時更需要多元能力的相互配合。因此，雙元自主模型除了包含自我決定論強調對當下行為決策動機的判斷之外，也必須在認知、情緒、策略規劃與執行方面培養相應的能力，其中：（1）在認知面向上，個體需要能清楚區辨及評估自己所認同的與其他的選擇、決定或目標會導致的可能差異結果；（2）在情緒面向上，個體則要能對自己所認同的選擇、決定或目標在情緒上深具信心和肯定，即使後續過程中遇到挫折、不如預期，也能夠在情緒上自我調適，肯定自己的選擇；（3）在策略規劃與執行面向上，個體必須能夠發展出一系列適當的行動策略來達成自己所認同的選擇、決定或目標，並能隨時根據規劃及時調整行為方向，

以有效的策略達成自己的目標。個體化自主、關係自主雖然都涉及上述三種面向的能力運作，但兩者所要達成的基本目標性質有所差異，各能力面向下的具體能力內容也會有所不同。以情緒面向的自主能力為例，達成個體化自主的情緒能力重點在於，當自己的選擇面臨他人反對、質疑時，能否妥善因應、展現自信，且將自己深思熟慮後的真正想法與意願堅持到底；而達成關係自主所對應的情緒能力重點則是，能以正面心態將各種不同意見或質疑視為有意義的資訊，即使接受他人意見、調整自己的決定也不會覺得有傷自尊或認為自己沒有主見。因此，唯有兩種自主取向下的能力皆達到成熟發展的個體，才較有能力在面對不同情境時，自由選擇要實踐哪種自我目標，甚至在兩種取向目標間達成適當地平衡；換言之，這兩種自主運作取向下的三種面向能力，對於達成真正的自主狀態皆不可或缺。

　　由個體化自主、關係自主及其下分別對應的三種能力面向所組成的雙元模型，其具體架構可參考圖 3-1。此處要特別補充說明的是，圖中以紅色圓圈標示的文化脈絡影響形式。在雙元自主性模型中，由於反映兩種不同自我運作目標的自主性普遍共存於所有個體，文化影響力並非和特定自主類型直接結合，而是在個體判斷自身所處的行動或決策情境脈絡時，文化規範才有可能如轉轍器般強化個體的自主動機被導向特定目標。例如：當面對職業選擇問題時，無論屬於哪個文化的個體，都可以自由選擇將該情境歸類為滿足個體化或關係連結任一目標，或兼顧兩種目標的行動機會；但華人文化的運作特徵會促使其成員更容易將此類情境歸類於「以

新角色融入家庭經濟與代間傳承運作」的機會，因此，職業
生涯的選擇等於讓個人有機會可實踐光耀門楣、延續家族傳
統等其真正重視的自我目標。當然，並非只有在東方或華人
文化下才會將職業生涯選擇與個人的家庭角色相連結，在西
方某些政治世家、運動世家中，也都可看到將職業生涯規劃
與個人家庭角色緊密結合而成的自我目標；相對而言，歐美
文化則可能促使其成員更容易將之歸類於「尋求個人獨特興
趣」的機會。然而，無論最終的目標選擇為何，若欠缺個體
化或關係自主性各自涵蓋的具體能力配合，個體依然難以實
踐自己所選的目標。

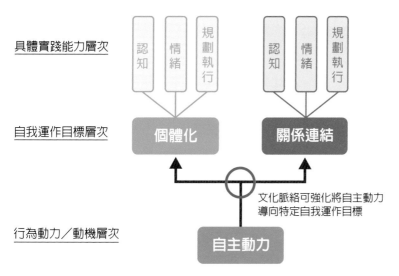

圖 3-1 雙元自主性模型理論架構簡介圖

跨文化比較：有差異、沒輸贏

　　從最初建構概念模型到後續的實徵驗證、理論深化，雙元自主性模型從未中斷與西方主流心理學的交流、對話，並持續思考如何在理論與實徵層次調和文化與個體心理運作兩種層次。在理論本土化方面，雙元自主模型除了嘗試在自主性研究領域中扭轉某些習以為常、積非成是的迷思，使華人社會的文化特色不致遭受誤解；其更基本的關切還是對全人類共有的基本心理需求進行合適的概念化，使各文化間的「異」及「同」皆得以展現。在進行一系列實徵研究過程中，筆者也發現，若要進一步提升臺灣本土理論在其他文化中被理解與接受的程度，除了加強理論建構外，在「文化比較」的進行步驟、「文化差異」的解讀詮釋等方面，也必須跳脫傳統「跨文化比較」的作法。當採用典型的跨文化比較研究架構時，來自東、西方文化的樣本在雙元自主性向度上的比較結果，和「獨立我／互依我」、「分離自主／連結自主」等重視文化脈絡影響力的理論並無太大差別，主要只能呈現出西方樣本的個體化自主性較高、東方樣本的關係自主性較高的文化差異。雖然上述結果有助於平衡「華人青少年自主程度低於歐美青少年」這一文化迷思，卻也不斷重複既有的文化差異刻板印象——東方人的自主運作雖有助於關係連結，但不易彰顯個體獨特性；西方人的自主運作雖可達成個體獨特性，但難以兼顧關係連結；因而有關文化差異的討論似乎也僅止於雙方在自主程度得分上打成平手，卻無法在異文化間延伸出更深入的相互溝通。不過，若從雙元自主性模

第1章

第2章

第3章

第4章

第5章

第6章

型完整的理論訴求來思考（例如：兩種自主性都是普遍的基本心理需求，可共存於任何文化的個體內），跨文化樣本在自主性運作上的異同未必只能從雙元向度得分高低來比較。以下就從雙元模型的理論特性來說明其他可行的文化比較分析策略。

　　雙元模型在自主性向度區分上最大的特色莫過於，個體化與關係連結是全人類普遍共有的基本心理需求，因此，這兩種動機需求都可能成為自主行動的目標，任何人都會發展出對應的能力，讓自己能透過行動實踐滿足這兩類不同需求。當上述理論觀點要轉換為可實際檢驗的研究內容時，所謂的「雙元自主性普遍共存於不同文化樣本身上」，等同於必須證明兩種自主性對不同文化樣本都是有意義的心理運作成分，而非只是研究者為了得到測量數據而將特定概念強加於其他文化樣本身上（例如：在以往的本土心理學觀點中，獨立我、個體化自主等概念根本不適用於華人）。因此，直接針對跨文化樣本比較雙元向度的得分高低，並無法直接反映兩種自主性的運作意義或功能，較合適的分析方式則是由兩類自主性對身心發展適應狀態的影響效果進行比較。換言之，若個體化自主性對華人並無意義，則華人樣本在個體化自主性上的得分並不會影響其身心適應；同理，若關係自主性對西方樣本而言並無意義，則西方樣本在關係自主性上的得分對其身心適應也不會有顯著影響。既有研究也發現：個體化與關係自主性在臺灣、美國大學生樣本上都同樣呈現出符合理論意義運作功能、效果[10]，亦即個體化自主性的運作功能，主要是發揮在個人生活範疇的適應表現上，至於關係自主性

的運作功能，主要是作用在人際生活範疇的適應表現上，而
這正是雙元自主模型在「雙元並存」觀點之外的另一項重要
主張——「對應範疇優勢性」（見圖3-2）。換言之，由於兩種
自主性分別在不同範疇發揮較強效果，任一自主向度的得分
再高，仍無法全面提升各種身心發展適應結果。例如：臺灣
大學生的關係自主性再高，若其個體化自主性的發展程度未
能同時配合，仍難以連帶提升其自我價值與個人主觀幸福感；
而美國大學生的個體化自主性再高，若其關係自主性的發展
偏低，仍無法連帶降低其在親子衝突、暴力攻擊與偏差行為
等人際相關方面的適應問題。這些發現除了支持個體化與關
係自主性兩種心理運作成分確實都具有跨文化普遍性，更突
顯出兩種自主能力對所有青少年的成熟適應發展都極具重要
性，真正自主的個體必須能同時兼顧這兩種自主目標的實踐
與滿足，無法只從某一類自主性的高度發展加以彌補。

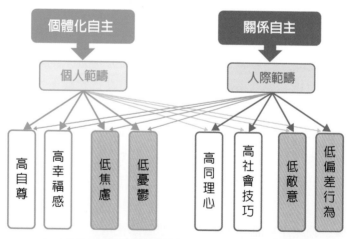

註：兩種自主性在非對應優勢範疇的作用效果較弱或無效果
　　（以箭號粗細與顏色深淺表示）

圖3-2　雙元自主能力運作效果之對應範疇優勢性

110

　　其次，雖然一般的本土心理學概念已將文化的影響納入概念內涵中，但仍有某些不易與概念界定方式直接結合的文化脈絡因素，同樣可能影響文化差異的比較結果。就青少年自主性這一議題而言，不同社會文化下，青少年自主需求與意識的萌發年齡、父母放寬子女自主權的時間點、教育制度設計等差異，這些看似較枝微末節的脈絡因素，卻是分析與詮釋文化異同時不容忽視的關鍵。換言之，研究樣本的年齡層究竟介於青少年階段前期（例如：國、高中時期）或後期（例如：大學時期），很可能是文化差異的顯現途徑之一。由於華人父母往往在青少年階段後期才逐漸釋放管教權、放寬青少年子女自主權，即使子女在此階段之前已感受到某些自主需求，在生活中往往欠缺練習或實踐的機會，再加上教育升學制度的差異，使多數父母對於讓子女嘗試打工、異性交往等不同成長經驗的開放度也較低。華人父母通常是在子女考上大學、不再有升學壓力後，才一次全面釋出自主權。因此，華人的自主性（無論是個體化或關係自主）大致要到青少年階段後期才逐漸發展成熟。如何從完整的動態發展歷程中呈現文化差異及其顯現方式，或許也是一種有助於解構文化迷思的角度。另一方面，兩種自主性內涵分別包含的三種能力面向（認知、情緒、策略規劃），則可讓研究者進一步理解不同文化的青少年在自主性發展順序、模式上可能存在差異。由此可知，青少年自主性發展的文化差異，絕不是單從比較雙元向度得分高低就能解決的議題，無論在學術研究或日常生活中，文化差異是一個涉及廣泛層面的複雜現象，它必須從社會整體系統來解讀，而不能只從單一面向來評估。

　　最後仍要再次提醒，關係自主性雖是基於文化反省而提出的概念，但並非以文化競爭為目的，此概念本身與西方文化的內涵亦無對立衝突，只是嘗試完整呈現出各種可能存在的「自我」運作模式；事實上，強調在人際脈絡中與他人不可分割、互相依存的「關係性自我」（relational selves），在西方學界也有不少類似的反省。許多西方心理學或社會學的早期理論，常被批判為出自「白人男性中心觀點」，例如：以自主、自律理念研究道德發展的柯伯格曾歸納出，男性的道德判斷以理性思考為主，女性則重視關係導向，偏向以人際關懷為主的思考模式；因此，女性的道德發展多半停滯在「尋求他人認可的好孩子取向」這一階段，難以真正進入道德自律期，而多數男性則可發展到道德自律期中的社會契約取向階段。有趣的是，在柯伯格道德理論的跨文化研究中，北美與西歐之外其他社會文化下的民眾，就和白人女性一樣，同樣都難以達到其所界定的道德自律期。而此種文化差異則被歸因於，北美、西歐之外的集體主義文化重視他人感受、人際和諧、集體福祉與服從社會規範，導致其道德判斷至多只能發展到「維持社會秩序與遵從法規取向」這一階段，難以反映出奠基於個體對普世倫理原則的推理思考、不受任何外在因素影響的自律期道德實踐特點。

　　在拆解「白人男性中心觀點」的道德自律概念所隱含的偏見時，文化心理學的立場以呈現文化多樣性為主，因此透過補充重視人際連結的自我或自主概念來平衡既有的西方觀點。至於西方女性主義對男性中心道德自律概念的批判則更強烈犀利，提出關懷倫理學的姬莉根（C. Gilligan）就認為：

第1章

第2章

第3章

第4章

第5章

第6章

道德發生在具體行為中，不應離開具體情境或只被理解為抽象推理原則，而應該更重視道德行動與其對象之間的關係；雖然強調所有個體之間相互獨立、不受他人干涉，在形式上似乎可確保每個人享有同等的價值與權利，但是當道德判斷與實踐完全不考慮行為對象的感受，即使行動出於個人依循自身理念思考的主動選擇、合乎普遍接受的理性規則，仍反映了某種冷漠、孤立的自我觀。例如：當公眾討論遇到意見不一致的情境時，若雙方都僅以「不同意但尊重對方有自己的看法」做出回應，雖然符合理性原則、沒有任何人干涉他人的思考，但這樣的理性實際上卻造成溝通的斷裂，導致持不同意見者始終彼此對立，難以進一步形成共識。反觀現今臺灣社會中許多具社會爭議的公共議題討論，似乎也正因為對「自主性」的認識過於形式化，而停滯在確保「每個人都有發言權」、強調「每個人的發言內容都不該被反對」的困境中。這樣的現象突顯出，關係自主所強調的能力及其對應的需求目標，也同樣適用於西方社會，甚至可彌補其不足之處；同樣地，強調展現自我獨特性的個體化自主雖可作為集體主義文化自我反思的借鏡，卻不可能成為對治其積習弊病的萬靈丹。在心理與文化互為體用的根本關係下，面對文化差異時更需要以異中求同的心態，避免讓差異擴張為衝突對立，而面對宣稱具普同性的心理特徵或運作原則時，則需要以同中求異的心態，反覆斟酌其論點背後是否仍潛藏特定文化脈絡的影響。

　　本土心理學並非以「反西方」為主要訴求，而是致力於挖掘出看似理性卻隱含文化偏誤的觀點，此處透過道德發展

議題來討論個人道德自主發展的性別與文化差異，除了點出本土心理學和西方某些批判性理論之間可能存在的共識，也間接印證了「關係自主性」雖是從華人文化視角反思既有的自主性概念而提出，但只要反思過程能從單純的文化競爭，深入到對文化與心理關聯的完整思考，諸如關係自主性這類華人本土概念仍能反映出跨文化普遍存在的基本心理需求。

從未來趨勢看自主能力的培養及其關鍵面向

雙元自主性模型最大的特點在於，透過統整不同理論觀點，重新翻轉跨文化研究取向下既有的雙元架構意涵。在西方文化對創造力表現形式的研究中，「整合不同典範」經常被視為將既有成果向前推進程度最高的創造行為，但此種「整合」往往必須透過新穎、前所未見的形式或名稱，才能顯現出「以新代舊」的突破。然而，雙元自主性模型所達成的理論整合，其實更接近在西方觀點中創新程度稍低的「重新定義」（redefinition）形式[11]，也就是在未拒絕或推翻其他既有理論下，改從不同角度為這些既有典範注入新生命，增進原有概念的意義深度，使這些理論能夠真正達成整合。在此特點下，雙元自主性概念不僅廣納其他相關理論的優勢，也降低了華人本土心理概念和西方理論的溝通隔閡，讓「關係自主性」不再被視為僅適用於華人的特殊行為模式，真正躍升為當代社會生活中不可或缺的適應能力之一。在本章結尾，將透過雙元模型對自主性的觀點，對目前臺灣社會中親子教養與青少年自主發展相關現象進行剖析。

第1章

第2章

第3章

第4章

第5章

第6章

近年來，臺灣社會在親子關係與子女教養方面逐漸趨向西化、專家化，在各種媒體上都有許多兒科、精神科醫師等實務工作者，或心理、教育、諮商輔導領域的相關研究者，大

「萬般皆下品，唯有讀書高」的價值觀影響東方人甚鉅

量引介不同的理論或研究來推廣西方強調尊重子女自主性的教養理念。然而，當尊重子女自主性已成為最基本的教養常識，臺灣新生代的自主能力不足卻仍經常躍上媒體版面，引起熱烈討論；究竟還可以從哪些方面著手改善？首先，從雙元模型的研究結果可知，特定教養方式（例如：以引導方式協助子女思考與解決問題、具體回應子女的需求等）確實有助於子女自主能力的發展，不過除了專家學者們列舉、傳授的互動原則或教養問題處理方式，所謂的「西方教養方式」其實仍需要在整體社會文化脈絡配合下，才得以達成它正面的運作功能。例如：東亞儒家社會在職業態度上仍多少帶有「萬般皆下品，唯有讀書高」的價值觀，相較於歐美兼顧學術與技職人才的教育理念與分流制度，臺灣廣設大學的制度趨勢，也讓青少年在個人生涯選擇的探索過程中，容易被侷限於單一目標（升學優先）或單一價值（學歷愈高愈可能找到好工作、擁有成功人生），儘管父母努力實踐尊重子女自主選擇的教養方式，但在欠缺多元選擇、觀點的大環境下，依然間接壓抑了青少年自主能力的發展空間。

　　其次，父母自認為的教養方式和子女的實際感受往往存在不少落差。筆者在過往的研究訪談經驗中就發現，多數臺灣父母都相當贊同尊重子女自主意願的西式教養觀，且不願被當成保守專制、難以溝通的父母；不過在實際的親子互動中，父母所秉持的教養理念未必能轉換成合宜的表達。例如：曾有父母在研究後期的追蹤訪談中表示，透過先前親子共同受訪所得到的經驗與資訊，已開始調整自己的行為與習慣，在溝通時都會讓子女有機會完整表達意見。不過在旁共同受訪的子女卻隨即苦笑補充道：「可是等我們說完自己的意見後，爸媽每次都還是認為他們的建議比較好，最終還是以爸媽的決定為主。」諸如此類的案例也顯示，固著於某種標準形式的教養理念或溝通話術，反而有礙進一步的真正溝通。從雙元模型的觀點而言，自主性的發展不僅涉及多樣化的能力，也必須透過各種生活實踐與親子互動中長期累積，並非只要父母願意給予發言機會或在特定發展階段單方面放寬權限，子女就能立刻轉變為成熟自主的個體。

　　根據天下雜誌 2007 年針對青少年學生進行調查的結果[12]，臺灣新世代展現的「自主發展特徵」似乎僅止於具有高度自主意識，但卻缺乏對應的實踐能力；換言之，其在心理層面對於掌控個人自主權雖有超齡的強烈需求，但在「目標規劃、生活功能、情緒調適」等達成自主行動的必要能力上都相對低落。筆者曾根據雙元自主模型所涉及的三種能力面向，對國內學者從親子互動角度提出的五種青少年自主發展歷程模式進行評估，其中多數發展模式都反映出臺灣年輕世代在認知、情緒與規劃執行三種自主能力面向上並未均衡發展。值得留意的是，

個人有無能力調適與父母意見不一致時所造成的情緒衝擊，更是決定臺灣年輕世代達成自主的關鍵（見表3-2整理）。

雙元自主性模型近期的理論驗證也集中於探討有助於兩種自主能力發展的情境脈絡，除了從家庭場域的教養方式、親子關係品質等因素切入[13]，也同時擴及學校場域（例如：與同儕的人際互動與社會比較等）、其他生活經驗（例如：打工等）[14]等。這一系列研究結果固然可提供某些教養原則上的參考，但其中最重要的啟發莫過於：培養自主性的關鍵在於能夠持續探索、嘗試各種可能性，反思及擴充個人的經驗與能力，因此，各類不同經驗（即使是父母眼中已預見必然會受挫、失敗的嘗試）對個人的成長都可能有不同貢獻。父母如何針對各種不同情境，在協助子女做出最佳決定、容許子女學習為自己的選擇（無論後果好壞）負責之間做出適當取捨，並沒有標準答案，最終仍要回到實際的親子互動中找到平衡點。

表3-2　五種自主發展歷程模式與其在不同面向能力上的發展情形[15]

發展歷程模式	各面向自主能力發展情形			
	自主需求	認知評估能力	策略規劃能力	情緒調適能力
提前自我依賴	✕	○	○	✕
突然躍進	✕	✕	✕	✕
激進抗爭	○	△	△	✕
試探後放棄	○	△	✕	✕
逐步或局部自主	○	○	○	○

模式名稱參考林惠雅（2007）提出的五種「自主發展歷程模式」修改而成。三種符號代表個人在特定自主面向能力上的實際發展程度，○表充分發展；△表中度發展；✕表發展不足。

再從社會變遷的角度來看，以往有關自主性的研究多以青少年為對象，但隨著現代社會中個人平均受教育時間拉長、初婚年齡延後等趨勢，這段原本用以探索自我、培養自主能力的過渡期漸漸拉長，不僅跨越的發展階段增加（從青少年期到35歲左右），可能涉及的生活決策情境更為複雜，快速的全球變遷趨勢也共同對個人的社會適應發展造成影響。例如：向來被視為代表個人自我認同、自主發展重要指標的生涯選擇，在目前重視跨領域技能及跨國流動的工作趨勢下，個人職業選擇的自主性可能不再只體現於單次決策結果或對所選職業的認同強度，而是更需要藉由他人的意見或回饋不斷調整、嘗試不同選擇後達成整合，或找出難以歸入傳統分類的新型職業方向。由此可見，未來從青少年轉變為成人必須歷經的發展與決策歷程中，「關係自主」能力的培養與運用也就更形重要。

另一方面，華人社會對於在生活與經濟上遲遲無法自主的成年人，常以「啃老族」稱之，強調其未能善盡子女的角色義務。但近期臺灣的醫療門診出現愈來愈多拒絕進入職場的青年個案，除了以準備公務員或其他就業考試為由，長期失業在家的全職考生外，也還有難以適應職場、頻換工作的志願失業者，實務界因而開始轉從「依賴型人格」的角度關注此問題，並借用心理分析學者榮格提出的「永恆少年／少女」概念，來描述這群性格上較欠缺自信、常合併出現情緒障礙、需要重新學習自主的年輕成人。這些永恆少年／少女個案，也印證了前述天下雜誌對青少年學生的調查結果——雙元自主能力中的情緒面向是當代臺灣年輕人能否順利達成

自主的關鍵，若在學生階段未能從生活情境中逐步練習情緒自主能力，等到必須進入社會的年齡後，將會造成更嚴重的生活適應問題。

此外，在高齡化社會下，可能隨生命歷程再度轉換為「被照顧者」角色的大量高齡族群，也成為自主性研究的最新焦點[16]。處於部分失能或行動遲緩狀態的高齡者，如何在各種生活安排選擇與照顧關係中展現出自主性，其自主性內涵與青少年階段強調的自主發展有何異同，皆是未來值得關注的議題。在區隔出雙元向度及三種能力層面的自主性概念架構下，不僅可對前述議題提出更清楚、具本土契合性的討論方向，這些延伸研究亦有助於和主流心理學或其他文化的本土心理學相關理論展開實質對話。例如：西方學界針對活躍老化等主流政策方向過度強調「獨立生活能力」所提出的批判，即突顯了「關係自主性」這一概念在高齡政策實務上的應用價值。

目前臺灣有不少已累積一定研究成果的本土化概念或理論，但多半仍停留於具文化特殊性之區域性理論，難以真正轉型成為全球性的重要理論。雙元自主性模型的發展方向，即是回到當代重要的具體生活現象中，從文化與心理機制在個體層次的交互運作與實踐提出解釋，避免僅從論述層面與西方主流心理學相互抗衡，或沿用西方跨文化心理學的比較模式，將源於單一文化的本土理論強行套用到其他文化樣本上進行驗證，重複強化某些既定的文化刻板印象。若一般的臺灣讀者也能透過雙元自主性模型重新發現某些華人價值觀、文化習性的正面運作意義，在掌握本土心理學與西方心

理學的相對位置後，找到自己的視角解讀各種自主議題，或許就等於為臺灣本土心理學的全球化奠定最牢固、直接的基礎。

觀人於微——你抓到分辨個體化與關係自主的關鍵了嗎？

本章介紹臺灣本土針對自主性所提出的新心理學理論，它無論在投稿至美國主流期刊，與西方學界的辯論過程，或與國內、外引用此理論模型進行研究的學生進行討論時，大家最常提出的問題莫過於：雖然在理論邏輯上認同，人可以在各種行動選擇上展現「自主」，又同時與他人維持良好的「關係連結」，兩者並不互斥，也接受「個體化」、「關係連結」兩者都可以是個人基於內在動機所追尋的自主目標；不過，每到需要舉例說明這兩種自主性的行為表現時，它總是只能很制式化地以「是否有改變自己最初的想法或意願」作為區分兩種自主性的行為判斷標準，其中，「關係自主性」必然是「廣納他人意見後，修正原本的想法，形成自己認同的最佳決定」，反之，個體化自主則是始終維持自己最初的意見，不讓他人影響自己心中真正的聲音。這樣的理解方式看似沒有明顯錯誤，卻沒有真正抓到這兩種自主性的性格運作核心，也容易讓人誤以為「關係自主性高的人無法單獨做出

決定」。爲了讓讀者更直觀地瞭解這兩種自主性的實際表現，最後將模擬小說角色介紹的方式，對這兩種性格進行較完整的詳細動機與行爲描述。

角色Ａ：個體化自主高，不只是一味追求與眾不同，而是追求能展現眞正的自己，即使自己的選擇與其他人相同時，也不會因而感到困擾或覺得個人特色受到威脅，反而認爲自己能夠從看似平凡普通的選擇中創造出不同的結果，最討厭只會在表面上標新立異、爲反對而反對的傢伙。不在意他人的各種意見（無論好壞），也不喜歡爲自己辯解，認爲別人本來就沒有必要支持、肯定自己的想法或選擇，每個人只需要對自己的選擇負責即可；就算他人因自己的決定而失望、憤怒、甚至揚言破壞，也尊重對方有權利提出自己的感受與看法，不會想要說服或影響對方改變觀點。即使在愛情上，也欣賞歌德所說的「我愛你，與你何干」的那種義無反顧。

歌德

角色Ｂ：關係自主高，看似八面玲瓏、身段柔軟，但不會隨波逐流附和他人意見或搞小團體。認同《紅樓夢》所說：「世事洞明皆學問，人情練達即文章」，也喜歡西方詩人所說「沒有人會是一座孤島」，

既然所有人共存於世上，彼此的命運總是不斷相互影響，爲別人好也等於爲自己好。做任何決定都重視廣納意見、溝通協調，但卻不是爲了得到大家的祝福或支持，而是希望避免會有人因自己的選擇而產生不必要的負面感受。多數情況下都能順利整合大家的意見，就算無法使每個人都滿意，或最終發現自己原本的看法最合適，只要眞正理解對方的擔憂、誠懇説明原委，幾乎都能得到諒解。當旁人無法認同自己的決定而採取冷戰、斷絕往來時，不會因此否定彼此的關係，還是會依自身意願與理念繼續釋放善意，等待對方慢慢接受、發現雙方立場不如想像中的對立。有時覺得自己有點老派，希望現在的座右銘可以成爲以後的墓誌銘：圓融自在。

當然，上述兩個角色性格其實是基於只有單一面向自主性高度發揮所做的描述，不過它們其實就像每個人內心的兩種性格面向，一般人多半是兩種特質兼備且程度居中，所以大家在生活中才會不斷在各種選擇與決定中感到拉鋸、極力保持平衡。

1. 主體與主體性這組專業術語的具體定義其實紛雜不一，此處將之類比為自我／自主性是較為簡化的作法，有興趣的讀者可參考吳豐維 2007 年發表於《思想》雜誌第四期的〈何謂主體性？一個實踐哲學的考察〉一文，該文對主體性一詞在西洋哲學史中的意涵演進有淺顯易懂的介紹。

2. 見 Markus, H. R., & Kitayama, S.（1991）. Culture and the self: Implications for cognition, emotion, and motivation. *Psychological Review, 98*（2）, 224-253.

3. 見楊國樞（2004）。〈華人自我的理論分析與實徵研究：社會取向與個人取向的觀點〉。《本土心理學研究》，22 期，11-80。

4. 見 Markus, H. R., & Kitayama, S.（2003）. Models of agency: Sociocultural diversity in the construction of action. In V. Murphy-Berman and J. J. Berman（Eds.）, *Nebraska symposium on motivation: Cross-cultural differences in perspectives on the self*（pp. 1-57）. University of Nebraska Press, Lincoln.

5. 見 Silverberg, S. B., & Gondoli, D. M.（1996）. Autonomy in adolescence: A contextualized perspective. In G. R. Adams, R. Montemayor, & T. P. Gullotta（Eds.）, *Advances in adolescent development: Vol. 8. Psychosocial development in adolescence*（pp. 12-61）. Newbury Park, CA: Sage.

6. 見 Ryan, R., & Deci, E.（2000）. Self-determination theory and the facilitation of intrinsic motivation, social development, and well-being. *American Psychologist, 55,* 68-78.

7. 見 Kagitcibasi, C.（2005）. Autonomy and relatedness in cultural context: Implications for self and family. *Journal of Cross-Cultural Psychology, 36,* 403-422.

8. 見 Ryan, R., Deci, E., & Grolnick, W.（1995）. Autonomy, relatedness, and the self: Their relation to development and psychopathology. In D. Cicchetti & D. Cohen（Eds.）, *Developmental psychopathology: Theory and methods*（pp. 618-655）. New York: Wiley.

9. 見 Noom, M. J., Deković, M., & Meeus, W.（2001）. Conceptual analysis and measurement of adolescent autonomy. *Journal of Youth and Adolescence, 30,* 577-595.

10. 見 Yeh, K. H., Bedford, O., & Yang, Y. J.（2009）. A cross-cultural comparison of the coexistence and domain superiority of individuating and relating autonomy. *International Journal of Psychology, 44*（3）, 213-221.

11. 見 Sternberg, R. J.（2006）. The nature of creativity. *Creativity Research Journal, 18*（1）, 87-98.

12. 請參考天下雜誌 2007 年出版之教育特刊《獨立與探索》，其中收錄的〈青年學生夢想大調查——夢想的 M 型階級決定機會？〉一文。

13. 見 Wu, C. W., Guo, N. W., Hsieh, Y. S., & Yeh, K. H.（2015）. The facilitating effect of need-supportive parenting on the change rate and adaptation of dual autonomy among Taiwanese adolescents. *Swiss Journal of Psychology, 74*（4）, 181-195.

14. 見吳志文、葉光輝（2015）。〈工作自主經驗與父母教養行

為：雙元自主性促進因素的範疇優勢性檢證〉。《中華心理學刊》，43 期，3-54。

15. 請參考拙作：葉光輝、曹惟純（2010）。〈透視臺灣社會的依賴新一代：親子互動關係的反思〉。《青年研究學報》，13 卷 1 期，109-119。

16. Plath, D.（2008）. Independence in Old Age: The Route to Social Exclusion? *British Journal of Social Work, 38,* 1353-1369.

延伸閱讀文獻

1. 對雙元自主性模型理論建構過程、以實驗法驗證理論的程序有興趣的讀者，可參考下列四篇以中文發表的研究論文：

吳志文、葉光輝（2011）。〈雙元自主性的共存與範疇優勢性運作機制：以訊息區辨表現降低共同方法變異〉。《中華心理學刊》，53 卷 1 期，59-77。

葉光輝（2013）。〈華人青少年的自主性發展：三項關鍵議題的探討〉。見葉光輝（編）：《華人的心理與行為：全球化脈絡下的研究反思》（pp. 191-214）。臺北：中央研究院。

吳志文、葉光輝（2015）。〈工作自主經驗與父母教養行為：雙元自主性促進因素的範疇優勢性檢證〉。《本土心理學研究》，43 期，3-54。

葉光輝、吳志文、王敏衡（2016）。〈知覺滿足需求的教養與青少年的適應表現：雙元自主能力的跨時間中介效

果檢驗〉。《本土心理學研究》，45 期，61-120。

2. 對討論臺灣青少年自主性的發展歷程或相關社會現象有興趣的讀者，可參考以下三篇內容較生活化或以評析臺灣社會現象為主題的應用研究：

林惠雅（2007）。〈大學生對自主的界定及其發展歷程：以親子關係為脈絡〉。《應用心理研究》，33 期，231-251。

林惠雅（2007）。〈青少年獨立自主發展探討〉。《應用心理研究》，35 期，153-183。

葉光輝、曹惟純（2010）。〈透視臺灣社會的依賴新一代：親子互動關係的反思〉。《青年研究學報》，13 卷 1 期，109-119。

第 **4** 章

「青少年親子衝突」
是轉大人的症頭？還是
心理成長的藥方？

CHARACTER

「青少年親子衝突」是轉大人症頭？還是心理成長的藥方？

既是症頭也是藥方的親子衝突

筆者每次在課堂上及給一般大眾的演講場合上介紹親子衝突相關理論與研究時，總是會先詢問學生或聽眾：有沒有人從小到大從未與父母親發生過任何衝突的？至今曾經舉手的人總計不超過五人，而舉手的聽眾往往不是因為與父母感情極度融洽，而是因為從未與父母親一起生活。這簡單的民調結果顯示：親子衝突不僅是普遍發生的現象，也是日常生活中再正常不過的家庭現象。然而在華人社會裡，對親子衝突普遍存有負面觀點，有些人甚至認為「發生親子衝突」本身就等於是不孝的行為。至於在西方臨床心理學或精神醫學實務中，則是習慣將親子衝突視為造成青少年適應問題的重要來源之一。國、內外不少相關研究結果也發現：父母—青少年間的衝突程度與子女的憂鬱傾向、低自尊、在校問題行為、反社會行為，或情緒

親子衝突時該如何解決

困擾、低幸福感都有顯著關聯；換言之，親子衝突是導致青少年子女適應不良或問題行為的重要危險因子。

　　有學者曾整合社會認知論及系統論觀點，對青少年與父母間為何發生衝突並持續延伸的原因，提出一個較完整的解釋模型[1]。此理論認為青少年階段所涵蓋的個人發展因素，包括青春期的生理改變以及心理上的獨立需求等，常會增加親子關係的混亂不安。若家庭（主要是父母）回應這個混亂不安現象時，在解決問題能力、溝通方式、認知信念（例如：對未來行動的預期、對過去行動的歸因、伴隨衝突時產生的非理性想法等）以及家庭關係結構（例如：家人間形成的聯盟、三角關係及家庭整體凝聚力）等方面的表現不佳，將明顯地影響親子衝突發生的程度、持續度、廣泛度與情緒表現強度（見圖4-1）。由於家庭是一個趨向平衡的系統，當家庭系統面臨子女因青春期生理改變及獨立需求而產生失衡時，自然會設法因應這些改變以期恢復正常的平衡狀態，而親子衝突現象即是某種促使雙方重新面對、理解與解決問題的趨衡機制。儘管在缺乏適當的問題解決能力、溝通技巧或特定結構性因素下，可能使這些親子衝突持續累積或陷入惡性循環，但青少年期親子衝突現象的出現仍具有正向功能，也是使家庭系統順利過渡到下一階段或讓成員更成熟穩健的重要過程。儘管我們常說青春期的孩子就像處在情緒的風暴階段，很容易隨時與父母發生衝突，但並不是每個在青春期階段歷經過親子衝突高峰的子女，都必然因而導致身心發展與適應不良。具體而言，青少年時期的親子衝突現象，既是個顯示家庭運作方式需要因應成員身心發展變化而調整的問題

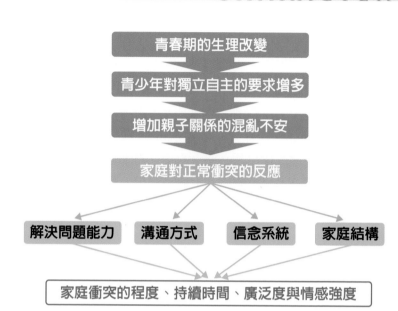

圖4-1 父母與青少年子女的衝突形成過程
（圖片原始出處見註1）

症狀，也是青少年心理能否成熟發展的關鍵藥方。

　　青少年因年歲增長與心智逐漸成熟而想爭取自己活動與行為的決定權，之所以會增加親子關係的混亂不安，進而導致親子衝突，真正的關鍵是：親子之間對於各種日常活動或行為可由青少年自行決定或該由父母管轄欠缺共識。曾有學者將青少年的日常生活行為區分成「道德」、「俗規」、「健康安全」、「交友」、「個人」與「多元」（該行為涉及超過兩個以上的範疇）面向等六個範疇，並比較不同性質的行為議題引發親子衝突的頻率，其研究結果發現：親子雙方都一致認為父母對於子女在屬於道德與俗規範疇相關行為上，具有合法的管轄權，這樣的認知並不會隨著青少年子女年齡的增長

而有太大的變動，因此，父母針對這類行為（例如：基本禮儀、可能涉及違法的偏差行為等）對子女做出約束或管教，較少引起親子之間的爭吵；但在屬於個人與多元面向等範疇的行為上，親子雙方對於父母是否具有管轄權的認知差異較大，雖然父母多半還是認為未成年子女的任何行為都需要由父母加以監督，但子女多半認為父母不應該過度干涉屬於個人範疇的行為（例如：服裝、髮型、個人房間的整潔等），且子女的年紀愈大愈會認為父母無權過問其私人事務，因而青少年最容易在這些活動與行為上與父母發生衝突[2]。此研究團隊進一步的研究結果更指出：青少年與父母間發生衝突的關鍵，並不在於雙方不清楚彼此在衝突事件上的立場與觀點（例如：子女往往知道自己做哪一類的打扮容易被父母糾正，而父母也知道子女偏好哪些搞怪的打扮），而是親子之間對於究竟哪一方具有正當的管轄權相互質疑[3]。

換言之，由於長期共同生活，親子雙方對於彼此的行為模式、喜惡等都有起碼的認識，許多父母在與子女爭吵時，總是覺得自己苦口婆心地不斷重複告訴子女「更正確、更好的行為方式」，卻不見效果，這正是因為子女對這些「嘮叨」內容早已非常熟悉，只是對父母的要求或規定置之不理。因此，父母提出的「要求內容」是否正確、合理並非是造成親子衝突的主因，雙方真正僵持不下的問題在於：青少年逐漸認為自己在某些行動範疇上具有完全的自主管轄權力，拒絕讓父母繼續把自己當成小孩子一樣徹底控管其生活與行為，但父母卻認為基於角色職責、閱歷豐富、為子女著想等理由，執意持續介入、給予建議、干預或強勢控制子女的行為

與活動。若這樣的想法落差一直被忽視，欠缺溝通與解決的機會，在父母從管教者的角度不斷施加壓力下，子女自然會嘗試從言語或行動上做出反抗。

過往研究多以親子衝突對青少年身心適應的負面影響作為討論焦點，親子衝突現象自然被視為家庭失功能的重要指標，或是造成青少年發展適應問題的危險因子。從圖4-1來看，前述這類研究其實只觸及圖中的前三項親子衝突形成脈絡，就直接認定親子衝突的結果就是造成家庭系統混亂不安，因此致力於思考該如何抑制親子衝突發生或緩衝其負面衝擊。然而，就如圖4-1所示，青少年子女所引發的關係，不僅是「正常的衝突」，完整的親子衝突歷程也還包含家庭系統做出的後續反應，家庭系統或親子雙方在問題解決能力、溝通方式等面向上的反應差異，都可能帶來不同的最終結果。親子在日常生活中發生爭執、摩擦其實是十分自然的現象，人們原本就容易在重要、親密的關係中經驗到各式衝突經驗，尤其當雙方相互依存的程度愈緊密，發生衝突的機會也相對增加。因此，評估親子關係或家庭運作系統是否健全的關鍵，不在於「衝突頻率的多寡」，而是親子雙方習慣以何種態度或方式來面對及處理衝突（例如：圖4-1中，問題解決能力、溝通方式等四種對親子衝突的回應面向）。即使是相同的親子衝突事件或情境，若經由不同的解讀、評估方式，最終也可能導向不同的運作歷程與影響效果。至於壓抑、迴避等因應方式，對於改善、增進親子互動關係或家庭運作功能往往欠缺實質的幫助；即使這些方式有時的確能稍微減緩衝突的發生頻率或緩衝直接衝突帶來的強烈影響，但衝突背後

真正的問題卻未必得到妥善解決，長遠看來，用這些方式處理衝突仍不利於青少年的身心發展。

目前有不少華人學者試圖將重視「整體和諧」、「孝道」的華人家庭文化脈絡納入親子衝突議題討論中，用以突顯華人家庭親子衝突運作歷程的特色[4]。只是這類討論仍較強調文化規範對華人子女在親子衝突反應上的抑制效果，其認為華人子女習慣採取逃避或壓抑自己真實感受與意見的方式來因應親子衝突，是為了避免破壞家庭的表面和諧，以及受到孝道規範的影響。由於這些勉強忍耐或逃避的因應方式未必能夠真正解決衝突，反而常對青少年的心理適應造成負向的影響，例如：憂鬱或社會退縮；在此種解讀與思維下，華人家庭文化脈絡的實質運作機制不僅遭受到混淆，孝道規範也常被扣上阻礙華人自主性發展的負面意涵，無形中延續了某些對華人文化的刻板印象。

若不能合理解決衝突，將會對青少年造成陰影，甚或產生憂鬱、退縮

相對於上述各類研究習慣將親子衝突預設為純粹「負面」的概念，晚近正向心理學觀點開始轉換思維視角，改而強調在衝突過程中可能隱含的正向力量或機制。畢竟一段關係若經不起任何衝突的衝擊，或一旦發生衝突只會帶來傷害結果，則此關係賴以為繫的基礎必然相當脆弱。雖然衝突所反映的負面狀態及其可能帶來的傷害後果總是受到較多關

注，但從一般常理角度即可瞭解，無論在個人發展、人際互動或團體層次上，「衝突」本身也同時具有正向意涵與功能。例如：知名的心理分析學家容格（C. Jung）就認為個體成熟性格發展的動力來源，即是對奠基於人自身上多股既存對立特質力量的折衝與整合，而人際或團體之間在意見或看法上的對立衝突，其實也是促成彼此重新自我檢視、找出更完備觀點的重要契機。既然衝突是親子長期互動過程中自然會經驗到的正常現象，與其只是消極地思考「如何避免衝突」發生，或該如何讓子女「服從」父母的意見以降低衝突，不如更積極地思考親子間該「如何處理衝突」，才能讓互動雙方都能從這一歷程中有所成長與收穫。

由社會心理發展的角度來看，青少年時期的主要發展任務即是建立自我認同，而建構自我認同所需具備的情緒調節、認知評估等能力，其實都可透過良好且完整的親子衝突因應、解決歷程加以體現、培養。以往的研究雖也曾提及自主需求的覺醒是理解青少年時期親子衝突的重要脈絡[5]，卻甚少直接將兩者加以具體連結（而是從親子雙方對父母管教權的認知差異來看待問題），因此未能突顯出親子衝突在青少年子女心理發展上可能存在的正向功能。筆者近年來持續針對華人家庭的親子衝突進行系列研究，這些調查結果大致可歸納出兩項重要發現：（1）要瞭解親子衝突對青少年子女的影響，必須深入探討親子雙方解決衝突的完整歷程，包含：親子雙方面對彼此想法不一致時做出哪些反應、如何繼續溝通、雙方的不一致最終是否確實得到解決等；若雙方能在衝突歷程中達成共識、共同解決問題，親子衝突最終也可能帶

來正向結果。（2）從正面角度看待親子衝突的性質與影響，有助於更完整地理解孝道在親子互動中扮演的角色，例如：在調查個人生活中印象深刻的親子衝突事件實例時，不少受訪學生均表示，在父母對日常作息叮嚀、嘮叨等所引發的親子衝突情境中，常覺得自己「不孝」或有罪惡感，因而會在情緒冷靜下來後，主動表達歉意或嘗試彌補彼此關係，這些伴隨衝突而出現的孝道相關感受與舉動，也會慢慢增進親子之間的相互理解、信任，減少類似的衝突不斷重複發生。由於這些涉及「孝道焦慮」的陳述內容，多半強調自己不夠體貼父母的關懷、用心，顯見孝道概念在強制性的規範力量外，同時也包含著親密情感、信任、同理與願意自我揭露等成分，其作用效果未必侷限於「壓抑」衝突，很可能也與促使親子衝突往建設性方向轉化的因素有關。

　　在近期正向心理學思潮的影響下，坊間許多勵志或心靈書籍都一再強調，無論面對逆境或挫折都應該儘量朝好的方向思考、尋找其中蘊含的正面意義。不過無論身為父母或子女，多數人恐怕還是很難接受將「親子衝突」視為一件具有正面意義的好事。本章雖然強調親子衝突在青少年子女的自主能力發展、父母對適應、家庭整體系統的平衡上皆有其功能，但並非單向鼓吹親子衝突必然是好的、正面的，而是希望從「中性」角度完整描繪出親子衝突兼具症頭與藥方兩種面向。接下來將先從傳統的負面觀點來介紹親子衝突，也就是將親子衝突當成親子關係不良的外顯症狀加以診斷，讓讀者清楚掌握引發症狀的核心，以及症狀的不同展現形式；其次則是從目前風行的正面觀點來介紹親子衝突，也就是將親

子衝突當成為家庭系統進補、使子女順利從青少年過渡為成人的心理藥方，並針對四類讓親子衝突轉化出建設性功能的關鍵要素加以說明。

親子衝突診斷重點：症狀核心與展現方式

親子衝突之所以會導致負面結果，主要原因在於其中一方或雙方把衝突事件當作**壓力來源，並衍生出負面情緒反應**。其實人與人之間本來就充滿差異，彼此各持不同想法或意見分歧並不等於哪一方有錯，也不代表一定要有一方願意改變原本的想法，才能繼續互動或維持關係。親子衝突之所以會成為壓力來源，是因為多數人理所當然地認為最親近的家人間不該出現不一致的想法或價值觀，否則會傷害彼此的感情和諧，因此，一旦經驗到親子之間存在衝突，或發現雙方的不一致難以立即徹底解決，只要想到接下來在生活中仍要和對方長期相處、密集互動，自然會產生負面的情緒、感受。此外，一般人多半認為衝突引發的情緒不外乎生氣、憤怒，不過由於青少年子女在生活上都還仰賴父母的全面支援，因此，親子衝突對青少年子女的影響也更形複雜，可能引發更多不同的負面情緒。筆者針對臺灣國中生進行的實徵研究[6]就發現，青少年子女在親子衝突中可能衍生出四類不同的負面情緒：

1. **威脅感**：由於父母幾乎掌控了青少年子女所有的生活資源，一旦親子間發生衝突，子女較容易擔心父母會對自己採取某些報復或懲罰手段（例如：不給零用錢），使其喪失

某些資源或權利。而親子衝突引發的威脅感容易導致青少年產生身心症狀問題，導致青少年時常覺得身體不舒服或有些微異狀（例如：頭痛、腹痛等），但在生理上卻找不到明確的病因。

2. 自責感：其實青少年在追求個人自主權的過程中，在情感上仍對父母有高度依賴，尤其需要父母的肯定與關注，因此，青少年子女常為自己在親子衝突中不夠成熟的衝動表現感到懊悔。此外，華人對孝道的重視，也讓子女容易將親子衝突的起因直接歸咎於自己身上，並認為自己是不夠格的子女；而由親子衝突引發的自責感較容易導致青少年出現社會退縮行為，使其常從人群互動中自我孤立或不喜歡與他人面對面互動。

3. 暴怒感：由於青少年正處於身心急遽發展的過渡時期，情緒狀態原就較不穩定，因此，面對親子衝突情境時，青少年往往會覺得自尊心受到嚴重傷害、打擊，再加上情緒調節能力尚未發展完全，使其較容易在言語與肢體上表現出激烈而失控的抓狂反應；而暴怒感也會造成青少年產生暴力攻擊行為，反映出其偏好使用暴力來發洩自己所遭遇的挫折或困難。

4. 怨恨感：由於青少年子女的各種行動都仍由父母管轄，即使在親子衝突中覺得自己受到不公平對待，也覺得直接向父母爭取自己期望的結果未必有用，因此陷入既不甘心又無法造成任何改變的情緒中。而較重視父母權威的子女，也可能因為不敢直接挑戰父母，改以抱怨或諷刺的方式來發洩自己的不甘心；與其他負面情緒相較，怨恨感導致的

後果最嚴重，容易
產生包括偏差行為
（例如：抽菸、蹺
課等）、社會退縮、
身心症狀及暴力攻
擊等多層面的身
心適應問題（見圖
4-2）。

親子衝突造成的怨恨感易導致抽菸的偏差行為

　　負面情緒可說是讓親子衝突成為棘手症狀的核心機制，因為負面情緒不僅反映出親子衝突已在青少年子女生活中造成難以負荷的壓力，更重要的是，負面情緒的累積會使青少年後續出現較多問題行為，而由衝突衍生出的各式問題行為，其實都會反過頭去繼續削弱原本的親子關係，加劇親子衝突的嚴重程度，甚至讓親子衝突陷入難以停止的惡性循環。

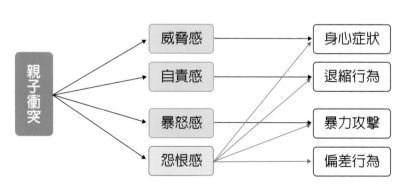

圖4-2　青少年子女在親子衝突中負面情緒及其影響後果

第1章
第2章
第3章
第4章
第5章
第6章

人際衝突的性質

誠如前文所述，人際衝突的本質並非僅有負面屬性而已，它具有雙面性。在生活中，衝突常被當成人際上的「危機」，這樣的名稱也反映出，衝突對雙方關係的維繫雖然造成危險，卻也帶來機會。換言之，在尚未瞭解造成彼此衝突事件的屬性與類型前，就貿然急著解決衝突，常常無濟於事，有時反而會讓衝突事件的發展愈變愈糟。以下將進一步檢視衝突的本質，幫助讀者們有更充分的資訊能辨識出各種衝突分類方式，進而能對症下藥，找到合適的正面因應方法。

在學術研究中，人際衝突概念有各式各樣的定義，但它不外乎是人際互動間的一種阻隔、不一致、緊張、防衛性溝通、焦慮情緒、對立、負面的人際情感表達，以及口語與非口語訊息之間的矛盾。從上述的綜合性定義可知，依衝突的表現方式與強度，可將家庭內的衝突區分成口語式、非口語式或肢體暴力式；但也可以依衝突來源性質將之區分成情緒性的、認知性的、目標性的、利益性的、價值性的或實質性的（substantive）衝突。其中，最值得注意的是認知性與情緒性兩類衝突的區分，前者是指親子之間在各種認知層面上（例如：態度、意見、價值、目標或執行方法等）的不一致或矛盾，只要雙方的爭執只停留在認知觀點上的差異，而不涉及太多負面情緒的介入，都可稱之為認知性衝突；後者則是指雙方的衝突形式中還加入了較多負面情緒，因此在情緒性衝突的情況下，當事人除了要花費心力處理兩人在意見觀點的差異或矛盾，當事人還需要耗費心理能量來處理這些被激起的負面情緒，而且因情緒的感染力較強，往往在瞬間就

能造成令人不舒服的心理感受，因此它被處理的優先順序，會排在認知觀點差異或矛盾所引起的困擾之前。這意味著，當衝突所引發的負面情緒愈強烈時，當事人愈沒有餘力好好思考如何面對雙方在問題觀點的差異或矛盾，這不僅會讓原先導致認知衝突的核心問題無法獲得解決，甚至還可能因為負面情緒的加入而讓衝突程度更形惡化。

衝突另一個值得注意的特性是，它既是**結果**，但也是**歷程**的一部分。人們多認為發生衝突是不好的結果，普遍不喜歡經驗到衝突的感覺，甚至會壓抑或提醒自己避免與人發生衝突，這是因為一般習慣採取「結果觀點」而非「歷程觀點」來看待衝突現象。習慣從結果觀點看待衝突者，傾向把衝突當作是事件的最後結果；既然事件的結果是衝突的，自然會直覺認為這個事件本身是負面的或壓力來源，因此會設法壓抑或避免它發生。然而，習慣從歷程觀點來看待衝突現象的人，則傾向把衝突當作是某個事件的演變過程，也就是說，衝突只是反映出事件過程中各種徵兆與訴求罷了，若這些徵兆與訴求能適時獲得關注及改善，則事件本身與雙方既有的關係也較有機會獲得進展與提升。

三種常見的衝突類型

另外，在評估衝突事件的特性時，還必須注意衝突的外顯內容與潛藏的內容是否一致；若某個衝突事件在外顯與潛藏兩面向上的內容不一致時，則所要面對與處理的問題也會更複雜。根據衝突事件外顯與潛藏內容是否一致的組合情形，可將親子間常見的衝突類型區分成三大類：（1）真實衝

突；（2）替代衝突；（3）假性衝突。

1. **真實衝突**：這是指衝突事件的外顯與潛藏內容完全一致，也就是親子雙方在衝突事件之下，確實在某些層面呈現對立競爭狀態（例如：對事情的看法不一致、雙方各有不同需求需要被滿足等），而且雙方也明確地將自己真正的立場表達出來。在這種衝突類型下，由於親子雙方各自的立場與造成衝突的內容相當具體明確，因此可以進一步檢視雙方的衝突焦點是屬於目標不相容，或目標相容但達成目標的手段不相容。然而，不管是在目標或是達成手段上有所衝突，由於產生衝突的原因明顯，因此，雙方可共同設法找出是否只要加上某些額外的附帶條件，就能讓彼此的衝突目標或手段同時獲得（某種程度的）解決，以讓衝突問題的嚴重程度減弱。如果只要找到額外資源來滿足衝突雙方不同的需求與目標，就能讓原本引發爭執的原因消失或減弱，則這類衝突可稱為附帶型衝突（contingent conflict），算是隸屬於真實衝突類型下的一種特例。真實衝突之所以不易解決，通常在於互動雙方的視野過於僵化、狹窄，以致缺乏足夠的認知能力去開發其他可利用的資源，或者雙方對衝突事件的反應過度情緒化，而沒有多餘的心力去發掘其他可利用的外在資源，因而始終相互僵持。換言之，設法讓原本的真實衝突轉化成為「附帶型衝突」，會比直接處理及解決真實衝突容易許多，雙方也較容易接受此種新安排。但在一般情況下，互動雙方常常未能察覺或意識到有其他可利用的附帶資源存在，因而錯失了解決問題的良機。不過，當外來或可利用的資源可能會導

致其中一方感到「沒面子」時，衝突本身也較會喪失其附帶性，而讓雙方繼續存留在真實的衝突狀態，甚至轉變成為較難解決的情緒性衝突。

2. **替代衝突**：在這類衝突下，互動雙方浮上檯面的外顯衝突內容與焦點是被頂替代換的，亦即雙方雖然客觀上真實存在著衝突，但互動雙方實際爭吵的卻是另外的內容。這類衝突事件所顯現出的表面內容並非真正的問題重點，只是反映潛在問題的徵兆，引發衝突者主要是希望以看起來較合理的事件內容來表現自己對另一方或事件的不滿。換言之，此類衝突其實就像是借題發揮，當真正的問題焦點令人無法明說或難以啟齒時（例如：子女認為父母偏心；父母雖然在理智上知道不該只以課業成績來評斷子女的價值，但內心還是無法捨棄「萬般皆下品，唯有讀書高」的想法等），個人就很可能轉而尋找其他可被接受的替代衝突內容，以求能向對方表達出自己的不滿或憤恨。替代衝突的實際表現內容可以假借各種形式來呈現，但除非核心問題的內容能夠開誠布公地攤開來討論與處理，否則對這類替代衝突的解決結果都只是暫時、表面、無效的。這也意味著親子間一再重複出現的外顯衝突，其背後可能是由某些更深層但隱藏的不當價值信念、溝通模式與家庭權力或情感結構等因素所主導，由於真正的問題仍潛伏在親子關係底層，每當雙方互動時，這些問題自然會隨著當下的事件或情境脈絡不斷變換形式，伺機出現。

3. **假性衝突**：此類衝突的外顯內容與潛藏內容雖然也不一致，但衝突形成的原因卻與替代性衝突並不相同，主要是指互動

雙方對客觀事實的認知或想法並不存在任何對立或不一致，只是由於雙方溝通不良或錯誤歸因造成誤解，因而稱之為「假性」衝突。這類型衝突其實是針對並不存在的議題發生爭執，可能是找錯衝突對象或爭執內容本身就不成立。這類假性衝突雖然是由溝通不良或對訊息傳遞錯誤所造成，但若不善加處置與澄清，常會讓互動雙方衍生出真實衝突。為了減少且及時辨識出假性衝突，一旦親子陷入爭執或衝突當中，雙方（尤其是親方）最好能調整自己的心態，以積極聆聽方式傾聽對方陳述的內容；若發現其中有自己不理解、不清楚的訊息，就要深入詢問、確認，如此才可能逐步釐清彼此真正的想法、爭議事件的實際經過，降低不必要的誤解。同時，只要其中一方能真正展現出積極聆聽的態度，讓對方（尤其是子女方）感受到被瞭解及尊重，也有助於帶動對方放下防衛式的溝通模式，繼續討論及面對問題，進而讓雙方在後續處理衝突過程中對彼此產生信任感，確實化解這類假性衝突，並提升親子關係品質。

由上述對衝突性質及類型的討論可知，親子間常見的衝突事件其實具有相當的變異性與複雜性，要有效地導引它們朝向建設性歷程發展的困難度也有所差異。當親子雙方在面對衝突情境（尤其是嚴重或一再重複出現的衝突）時，若能稍微先靜下心來檢視眼前衝突的性質與類型，多少也算是對彼此關係的再評估。當各自能夠放下既有的立場與成見，願意以積極傾聽的態度來溝通討論彼此的衝突與對立問題，或願意以開放的心胸共同尋求可用以解決問題的其他資源時，即便一時之間無法立刻找出讓親子雙方都滿意的新思維框架

或解決方式，但只要依循這種善意的互動溝通模式，繼續面對及處理雙方爭執的問題，就有助於將衝突逐漸朝向建設性的歷程發展。若雙方在後續面對及處理衝突的過程中，其中任一方未能妥善因應，而讓自己的負面情緒參雜進衝突事件中，則容易造成不可收拾的後果。

親子衝突惡化關鍵：連父母也深受影響的負面情緒

前幾段所介紹的人際衝突性質與常見的衝突類型，大致都是針對「衝突」所展現出的具體特徵進行分類，而這些衝突性質或類型其實就代表了親子衝突可能產生的不同症狀。然而，除了熟悉各式各樣的症狀特徵，還必須瞭解導致這些症狀持續惡化、無法自然恢復的核心原因，才可能進一步找到預防、緩和或根治的方法。前文曾介紹過的四種負面情緒，主要是針對欠缺對等資源、權力的青少年子女在親子衝突中的心理運作特徵而提出；不過，儘管父母在親子關係中位居優勢，握有對子女的管教權，且其心智發展狀態也相對較為成熟，但在與子女發生衝突的過程中，父母不僅同樣會感受到負面情緒（例如：因為自身權威受到質疑而覺得沒面子），也可能在負面情緒影響下出現失控反應，例如：家庭暴力、管教失當。而導致親子衝突惡化的關鍵，除了親子雙方基於各自角色位置所感受到的特定負面情緒之外，更根本的因素其實來自於所有負面情緒的共通特性——干擾個人認知功能的正常運作。

已有許多研究結果顯示：負面情緒狀態會縮減個人對

事務的注意力廣度，而正面情緒狀態則會增加個體的注意力廣度[7]。例如：當觀察者處在正面情緒狀態下，其對於視野外圍刺激細節的偵測率，會高於處在負面情緒狀態下的偵測結果[8]。負向情緒還會對個人的注意力造成干擾與負擔，讓人耗費較長時間將心力完全集中在引發負向情緒感受的刺激上，亦即負向情緒會讓個體的注意力侷限在非常小的區域之內，並持續關注引起負面情緒的刺激是否已得到解決。在負面情緒狀態的干擾下，個人的注意力不僅變得較狹隘、固著，更因為注意力系統不斷高度運轉而造成額外負擔，在這種狀況下，自然不容易在充滿壓力的情境中做出理性、冷靜的判斷。根據「威脅攫取假設」的觀點[9]，人們會優先注意、處理負向情緒的理由在於，引發負向情緒的刺激往往會對個體產生立即威脅，透過演化或學習歷程會讓個體自動優先處理它們。反之，若不注意正向刺激，對個體並不會有太大的損失或不良後果，因此，個人的視覺系統並不特別優先處理這些正向情緒刺激。這樣的心理運作機制意味著，在衝突情境中無法控制自身負向情緒的個體，很容易陷入衝突事件的惡性循環當中，亦即一旦我們習慣一遇到衝突就任由負向情緒爆發，這些負向情緒其實也會讓自己在未來的互動中更敏銳地注意對方顯現的負面情緒或表情，並將之解讀成對方的嫌惡與不滿，因而又再次被激發出更強烈的負面情緒，導致真正的問題（可能只是很細微的小事）一再被負面情緒掩蓋，最終形成難以解決的「循環性衝突」。所謂循環性衝突至少包含兩種意涵：第一，表示某種特定的衝突事件一再重複發生，例如：親子間，兩、三天就會為相同的事吵架；

第二，雖然衝突事件的內容並不相同，但造成這些衝突事件背後的機制或模式卻是相同的，例如：當子女在某次衝突中認為父母對自己不滿、故意找自己的麻煩時，在後續的互動中，無論遇到什麼問題，都更容易採取不合作的方式作為報復或抗議，因而讓各種不同內容的衝突事件不斷接續發生。當衝突轉變成循環性的情況，往往代表衝突雙方持有僵固的認知信念、互動模式及權力或情感關係結構三者已經緊固扣連在一起，形成交互影響的封閉迴圈，因此衝突才無法輕易化解、一再重演。

　　不過，親子衝突未必都會對個人造成心理傷害或破壞親子關係，它甚至可能有利於心理成長或增進親密關係。衝突實際的影響作用必須同時考量衝突性質、類型與平時親子間的情感互動情形而定。事實上，衝突事件本身不僅是呈現「不同意見與觀點」的媒介，它還可促使異質觀點的問題得到突顯，因而可以提供雙方發現、理解及反思彼此差異的機會。從家庭生命週期變化的角度來看，青少年階段的親子衝突不僅可促進雙方適當地面對各自角色與權限上的轉變，親方的管轄權限與子方的自主需求若能透過衝突的動力運作歷程進行調整，也能讓家庭系統的運作順利地往下一階段發展。因此，接續欲探討的議題焦點，就在於該如何才能讓衝突的建設性或正向轉化歷程發生。

藥方就在親子衝突歷程中：四種建設性轉化關鍵

　　筆者曾以建設性觀點探討親子衝突的轉化歷程，並提出

第1章

第2章

第3章

第4章

第5章

第6章

理論說明如何透過漸進轉換以往將親子衝突設想為壓力源的負向思維觀點，進而讓衝突事件的演變歷程得以直接連結到正面的結果（例如：增進彼此瞭解、提升雙方關係品質等）[10]。此理論觀點指出：親子雙方在衝突處理過程中對「衝突屬性的認知評估」、「負面情緒的調節模式」、「衝突問題的溝通型態」及「衝突結果的解決策略」，是有助於讓衝突朝建設性方向轉化的關鍵因素。以下針對這四項要素的運作方式逐一簡要說明：

1. 對衝突屬性的認知評估：此要素涉及個體對衝突狀態的認知信念及觀點。由於青少年親子衝突產生的原因，多由於親子雙方對於另一方所主張該如何處理事件的管轄權立場與觀點彼此存有差異造成。對於此差異所衍生的衝突現象，個體可從「競爭」與「功能」兩種不同的角度加以看待。其中，「競爭導向」的衝突屬性評估是指：個人將衝突事件評估為由於對方的阻撓，導致自身的需求受挫或無法被滿足、雙方關係處於緊張與對立狀態，或習慣以「不是對就是錯」的觀念來理解彼此立場的差異等；然而，個體也可以採取「功能導向」的評估方式來看待衝突，這是指個人採用比較包容或整合的觀點來看待差異與衝突，例如：認為衝突事件是用來檢視自身立場、表達個人想法主張的時機；也是促使雙方進一步深入相互瞭解，或鍛鍊自己交涉與解決問題能力的機會等。功能導向的評估方式之所以對衝突歷程具有建設性轉化效果，主要是因為個人雖知覺到雙方觀點不一致，卻願意深入理解彼此觀點的差異，並將縮小雙方的歧異視為可拓展自己視野的機會或

有意義的挑戰。由於彼此意見不合並未被視為壓力或難以接受的狀況，因此，即使身處衝突情境也不會引發個人的負面情緒，或影響個人後續的理性判斷與認知運作，還可能因為將衝突視為相互理解的機會及有意義的挑戰，進一步激發出雙方對處理衝突的積極想法及實際行動。相對而言，對衝突習慣採競爭導向的評估方式，容易讓個體對衝突情境產生負面情緒（尤其子女在需要與父母競爭對抗的狀態下，更容易感受到資源不足的威脅），進而阻礙了個人理性判斷的運作，甚至還可能因為負面情緒爆發，挑起互動對方的敵意與反擊，讓彼此的衝突陷入惡性循環。換言之，對衝突屬性的認知評估這一轉化成分，就是透過不將衝突視為壓力源，且以衝突在促進親子關係發展上的功能作為思考出發點，引導衝突往建設性歷程發展。

2. 對負面情緒的調節模式：即便個體在衝突中感受到負面情緒，仍可以因為對負面情緒調節方式的習慣不同，而讓衝突導向不同的結果。親子衝突會導致破壞性結果的重要原因之一，與雙方在衝突感受下所衍生及表達的負面情緒，尤其是用以指責對方該為衝突事件承擔責任所表達的憤怒、敵意、怨恨等負面情緒，對個人身心適應及互動關係發展所帶來的破壞力最值得注意。負面情緒之所以會連結到破壞性結果的核心原因在於，無論是哪一類負面情緒，都會導致個人內心苦惱或心情不佳；若情緒無法排解，自然會逐漸累積為身心壓力，而帶著負面情緒與他人互動，也將導致關係惡化。因此，每當人們意識到自己在衝突事件下衍生出負面情緒時，常會想方設法地調節自己的感

受，例如：壓抑情緒或尋找較安全的發洩管道，以免自己的情緒愈演愈烈或徹底失控。

　　所謂情緒調節是指個人企圖從各種不同途徑改變情緒，以降低負面情緒對個人的影響強度與持續程度。常見的方法包括：改變引發情緒的情境、改變對情緒事件的注意焦點、改變對情緒事件的解讀、或改變對情緒事件的行為反應等[11]。人們雖然可以先對衝突事件深思熟慮一番，再決定要從哪個角度來調節自己的情緒，但由於在成長與社會化的過程中，每個人基於性格差異、父母教養方式不同等因素的共同影響，已各自形成一套應付負面情緒的習慣性反應。因此，一旦經驗到負面情緒，人們常會不假思索地根據習慣做出自動化反應；當在衝突中面對各種情緒時，人們往往也是在還未意識到的瞬間就已做出初步反應，因此，瞭解自己的情緒調節習慣，透過練習強化自己對負面情緒的轉換能力，也就更形重要了。

　　至於一般人對負面情緒的調節方式，則可大致區分為「前因焦點」與「反應焦點」兩種不同模式。其中，前因焦點模式主要是從與情緒事件相關的外在情境或原因線索上進行調節，包括透過改變引發情緒的情境、注意力的調度分配、重新調整對情境訊息的評價與解讀等途徑，對自己的情緒、認知進行整合與再評估。由於在此種模式中，個體的認知思考運作會優先處理導致衝突發生的「前端」相關訊息線索，透過再次反芻或反思已發生的衝突事件，有助於釐清引發衝突的實際問題、確認雙方的立場與需求的差異，也可為接續的溝通或問題解決方式提供有用的訊

大哭也是一種宣洩的方式

息，因此可增加將衝突歷程導向建設性結果的機會。至於反應焦點模式則是針對負面情緒感受本身進行調節，也就是想辦法儘快讓已經產生的負面情緒感受不那麼強烈、難受。由於這種調節模式主要是排解自己的情緒，而不是設法解決問題，且較常見的處理方式不外乎逃避衝突情境、壓抑情緒，甚至直接讓情緒爆發，將自己的壓力宣洩出去（例如：大哭、抱怨對方），因此，反應焦點式的情緒調節，往往無法對衝突事件本身或雙方互動關係帶來任何實質的改善；即便暫時緩解或降低了負面情緒的立即衝擊，也只具暫時效果，難以讓衝突歷程繼續朝建設性方向轉化。

有研究結果證實，反覆思考與衝突事件成因相關的訊息（即所謂的工具性反芻），有助於個體從不愉快的事件中抽離出來，讓自己不被負面情緒帶著走，並對事件後果有較高的控制感，因而較有利於個體的身心適應發展。換言之，當面對親子間不同意見與價值觀引發的負面狀態或感受時，習慣採用「前因焦點」的情緒調節模式，有助於親子擴展對既有問題思考的視野觀點、持續蒐集較周延的脈絡訊息，讓雙方能釐清造成彼此意見不一致的深層核心，進而有機會發展出包容、整合的思維視野。例如：針對國中生親子衝突現象進行研究的結果就發現[12]：當衝突發生

後，子女如果能夠以釋境揣摩（context reading）方式來解讀父母對自己管教嚴厲的處境與用心，並產生感念父母養育的辛勞與恩情，則子女大致可以從針對這些「前因」訊息的重分配與分析中，改變對情境訊息的評估，逐漸讓自己從衝突事件的負面情緒與認知僵局中解放出來，朝向正面的方向發展。

3. 對衝突問題的溝通型態：也就是親子雙方在討論衝突問題時所展現的口語及非口語表達（包含表情、聲調、語氣、肢體語言等）型態。在建設性轉化歷程理論的四項轉化要素中，由於它是直接涉及雙方互動及感受的要素，因此也是最具有即時影響力的成分，甚至可能因為一句話就立即扭轉對方的感受與接續反應。在衝突事件的溝通互動中，大致可區分出支持式與防衛式兩種不同的溝通模式。其中，支持式的溝通模式是指：能透過在口語或非口語的途徑協助對方共同參與溝通互動，例如：提供對方相關訊息、以同理式的理解或較平等的方式與對方溝通討論問題。由於支持性的溝通行為最明顯的表現特徵在於，以友善及開放的態度討論引發衝突的問題，這不僅能同時安撫衝突雙方的情緒，更可讓對方較願意繼續溝通、表露出更多內在真實的感受、想法、甚至疑惑，有助於衝突雙方針對問題進行實質討論。這種溝通型態亦可讓親子確認彼此既有情感基礎未受傷害，在彼此信任且有安全感的狀態下，專注於探究、解決彼此的差異，將衝突歷程與結果往建設性的方向引導。相較之下，防衛性溝通型態是指透過口語或非語言的方式威脅與懲罰對方，以致雙方也容易回以防衛式

的互動模式。這些防衛式溝通行為的特徵包括：採用評價
式、控制式、策略式（關注輸贏或為自己取得優勢）、冷淡
式、支配式以及強迫式的討論方法，不斷刺激對方或擴張
自己的想法，因此，這些溝通行為最後對於解決衝突問題
大都是無效的，甚至是火上加油。

有學者以錄影方式觀察的研究結果[13]指出：不論個人
是採防衛式或支持式的溝通行為，都將讓互動對象回以同
樣性質的溝通方式。這結果與交互教化理論的觀點[14]相一
致，它主張親子間的互動關係是雙向遞序交互而非單向的
影響歷程，並強調親子間的溝通模式，一旦其中一方開始
採用防衛式的溝通型態時，很容易讓對方也採取防衛的溝
通模式回應，繼而產生惡性交互迴圈的結果。相反的，若
其中一方開始採用支持式、正向的溝通型態，也較容易讓
對方採取同樣支持式的溝通模式回應，因而會產生良性的
交互循環迴圈，有助於降低高危險群青少年問題症狀的發
生。另外，當父母對孩子握有絕對的資源及權力，則在親
子衝突當中，父母較不容易開誠布公地面對造成衝突的核
心議題；即便是自己有錯，也較不願意承認錯誤或尋求改
善，反而較容易使用防衛式的溝通與子女討論衝突事件，
因而阻礙了衝突事件朝向建設性方向發展的可能。

就常理而言，父母在身心與認知發展上應該比青少年
子女更為成熟穩定，閱歷經驗與資源也較豐富，不僅在衝
突事件的調節模式上，較容易經提醒引導而採用前因（非反
應）焦點的調節取向，也較有資源及能力採取支持式溝通型
態與子女互動。但筆者相信只要給予適當的提醒與訓練，即

便青少年子女也同樣可能在衝突中展現各種建設性轉化要素的行為模式。尤其華人子女傾向將父母的管教與控制視為是一種關心與愛的表徵，香港學者的研究結果也顯示[15]，如果華人子女持有較高的孝道信念，則愈可能將母親對自己行為的監控，正向解讀為某種關心與支持的表現。在此種正面解讀情境脈絡訊息與父母行為動機的習慣運作下，子女也可能扮演推動親子衝突朝建設性轉化的要角。

4. 對衝突結果的解決策略：當事人在衝突歷程中期待獲得何種結果，及其採取的解決策略，也關係著衝突歷程方向的發展。值得注意的是，有時即使已找到解決衝突的方法，也未必就等於衝突朝建設性歷程發展，真正的關鍵在於：除非衝突解決結果能讓互動雙方都滿意，才屬於建設性衝突；若僅一方得利或雙方都不滿意，則衝突依然會帶來破壞性的結果。筆者曾從華人子女的角度提出在解決親子衝突時常用的五種消解策略[16]：（1）規避逃離（指子女由於沒有主見或不願承擔問題的後果，而習慣採取逃離衝突情境的策略，解決衝突問題）；（2）自我犧牲（指子女會選擇遷就父母的要求行為，而習慣採取犧牲自己利益的策略，解決衝突問題）；（3）功利主義（指子女會選擇對自己最有利或自己利益為優先的策略，解決衝突問題）；（4）折衷妥協（指子女因一時間無法立即獲得讓親子雙方都滿意的解決方法，因而會退而求其次或透過溝通討論途徑，選擇可滿足雙方部分訴求的折衷策略，解決衝突問題）；（5）兼容並蓄（指子女會本著儘量能同時滿足親子雙方訴求目標的策略，解決衝突問題）。基本上，這五種子女用以解決親子

衝突的策略分類架構，也同樣可套用在父母身上。

仔細檢視這五種消解策略內容，大致可以理解其中涉及了對親子互動的兩類期待典型：共享式以及零和式。共享式指稱互動雙方對彼此所欲達成目標的期待是偏向唇齒與共的，亦即一方目標的獲得（失去）或成功（失敗）密切地牽動著另一方目標的獲得（失去）與成功（失敗），彼此間像是一種生命共同體、榮辱與共的關係。其中除了「兼容並蓄」消解策略具有共享式的特徵之外，「折衷妥協」消解策略也多少具有這種期待傾向。至於零和式指稱對彼此所欲達成目標的期待是相互競爭的，亦即一方目標的獲得（喪失）或成功（失敗）意味著另一方目標的喪失（獲得）與失敗（成功），彼此之間是競逐目標的關係，有我無你、有你無我，其餘三種消解策略皆具有零和式的特徵。再從上述各種解決策略可能衍生的後果來看，當親代或子代任一方採取規避逃離策略消解衝突時，對親子互動雙方而言，都是一種雙輸的結果。即使親代或子代任一方採取「自我犧牲」或「功利主義」方式來因應衝突時，對親子雙方而言，也會是一種偏向零和式競爭的破壞性衝突結果，因為總有一方對最終結果並不滿意。唯有親子雙方願意採取「折衷妥協」與「兼容並蓄」兩種消解策略，才有機會形成建設性的衝突結果。其中，「兼容並蓄」策略又可稱為「完全的衝突消解策略」，因為此策略是將解決衝突的注意力焦點，從各自的立場與目標轉換到雙方目前或未來的共同目標上，透過化競爭為合作的途徑，讓衝突朝建設性結果發展。

第1章

第2章

第3章

第4章

第5章

第6章

根據親子衝突建設性轉化理論觀點，除了對衝突屬性的評估要素外，其餘三項轉化要素在衝突歷程中的進行順序或有先後，但彼此間存在動態的交互影響關係（見圖4-3）；從前面的分析討論可以理解，在採取前因（非反應）焦點的調節取向來因應衝突情緒情況下，將較能使個體鬆開自己的認知視野廣度，而較有機會讓親子對衝突的處理轉往「支持式」的溝通型態及採取「共享式」的解決策略來因應，因而較能確保朝建設性的結果發展。此外，衝突初始評估、情緒調節方式、溝通行為模式、衝突消解策略等四個要素，都同時包含有正、負向的轉化成分，亦即任一要素都可能因故朝不同的方向轉化，例如：即使某人採用功能性衝突的評估、前因式焦點調節，但還是可能因對方持續的負面回應，導致他無法接續表現出支持性的溝通行為，使衝突歷程轉朝破壞性歷程演進。

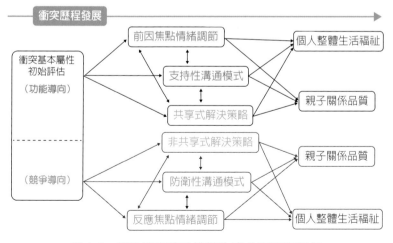

圖4-3　親子衝突建設性轉化成分之歷程關係

筆者在提出親子衝突建設性轉化歷程模型後，曾針對國、高中青少年蒐集了三年的長期追蹤資料，並透過這些資料進行許多不同分析，陸續驗證了原本的理論內容確實成立。圖4-3已完整畫出親子衝突建設性轉化歷程中四種轉化成分之間可能形成的各條影響路徑，其中已獲得證實的影響路徑，簡要說明如下。首先，在不同衝突轉化成分之間的關係上已發現：青少年對親子衝突的功能性評估與知覺父母的支持性溝通兩者之間具有交互促進的影響效果。其次，在較完整的衝突轉化歷程路徑上也發現：「子女的功能性衝突評估—知覺父母的支持性溝通—正向生活適應」，以及「知覺父母的支持性溝通—子女的功能性衝突評估—正向生活適應」兩種正向轉化歷程皆獲得支持，而且衝突對象是父親或母親，會影響這兩條建設性歷程轉化路徑的作用效果強度有所差異。其中，在父子衝突的脈絡下，父親所採取的支持性溝通能夠透過子女的功能性評估，進一步提升子女的主觀幸福感受，但其對父子／女互動關係滿意度的作用強度並不明顯；而子女對衝突所抱持的功能性評估，則能夠透過其從父親身上知覺到的支持性溝通，進一步增進父子／女互動關係滿意度，但其對子女主觀幸福感受的作用強度，並不明顯。然而，在母子衝突的脈絡下，則不論最後結果變項是母子／女關係滿意度或是子女個人主觀幸福感受，上述兩種歷程轉化路徑都能獲得顯著的效果。換言之，在青少年與父親的親子衝突歷程中，會分別經由不同的轉化路徑達成提升父子／女關係滿意度與青少年個人主觀幸福感受兩種建設性結果。這樣的結果顯示出：父親與子女間的關係是相對分明的，雙方

在情感上的連動性較低，所以，父親表現出的支持性溝通無法直接對子女個人主觀幸福感產生作用，而必須藉由提升子女功能性衝突評估，在減少子女對衝突的壓力感受後，才會對子女的主觀幸福感發揮間接的促進作用；同理，在與父親的衝突歷程中，子女之所以對衝突抱持功能性評估，認為有可能在從衝突中得到收穫、不覺得情緒受到威脅，是因為其具備較複雜的認知思考能力，而非基於對父親的情感信任或以往的正面互動經驗，因此，子女的功能性衝突評估無法直接促進其與父親的互動關係品質，其必須藉由提升對父親支持性溝通模式的知覺，透過當下正面互動經驗的具體回饋，才能對父子／女互動品質發揮間接影響效果。但是當與母親發生衝突時，母親的支持性溝通、子女對衝突的功能性評估兩者，可透過較多元化的影響歷程或途徑，全面提升親子關係品質與個人主觀幸福感受，這顯示子女與母親之間的關係界線較為模糊，因此，各種轉化成分的作用效果在與母親的關係上也有較強的穿透力。

在子女對衝突的屬性評估、子女採用的衝突消解策略，以及親子關係滿意度、子女個人生活適應結果（包括自主性、幸福感、憂鬱傾向、偏差行為等）等變項關係之間，則發現了以下結果：不論子女性別差異，

良好的親子關係能減少衝突發生的機率

當青少年與父母發生衝突時，對與母親衝突的功能性評估高於對與父親衝突的功能性評估；反之，對與父親衝突的競爭性評估則多於與母親衝突的競爭性評估。這結果顯示：如一般所預期的，多數青少年與母親的關係品質要優於與父親的互動關係。另外，習慣對衝突採取功能性評估，有益於提升青少年與父母的互動關係品質與個人生活適應；而對衝突習慣採取競爭性評估的青少年，其與父母的互動關係品質及其個人生活適應也都相對較差。習慣對衝突採取功能性評估的青少年，比較會採取顧全雙方與犧牲順從的消解策略來處理親子衝突問題；而習慣對衝突採取競爭性評估的青少年，則比較會採取規避逃離與功利主義的消解策略來因應親子衝突問題。最後，習慣對衝突採取功能性評估的青少年，可透過採取顧全雙方的消解策略，來提升其親子關係滿意度與個人生活適應結果。然而，當習慣對衝突採取功能性評估的青少年，傾向採取犧牲順從的消解策略來解決衝突問題時，雖然選擇使用此種消解策略仍可增進其親子關係的滿意度，但同時也會促使青少年出現憂鬱、焦慮以及壓力感受等副作用。至於習慣對衝突採取競爭性評估的青少年，則比較會採取規避逃離或功利主義的策略來因應衝突困境，導致其親子關係滿意度及個人生活適應皆受到傷害，甚至出現偏差行為的情況。上述系列研究成果皆一再顯示：親子間發生衝突後的演變歷程，可能朝破壞性的方向發展，但也可以發展為建設性的歷程，造成其間差異的關鍵，主要在於親子雙方如何評估、溝通及處理親子衝突這些要素，而不單單只是關注親子間是否有發生衝突，或衝突發生頻率的多寡。

　　除了上述衝突類型、對衝突的屬性評估、情緒調節、溝通行為及消解策略等因素，可能各自經由不同途徑，將衝突歷程導往建設性方向發展。與衝突本身屬性有關的影響因素還包括衝突議題的嚴重度、僵固性、強度、已持續的時間等，這些因素都關係著轉化衝突事件往建設性歷程發展的難易程度。當以歷程的觀點來看待衝突事件時，還有下述其他幾個面向因素也會直接或間接影響衝突歷程的後續發展，讓它朝往建設性或破壞性的方向發展，特別說明如下：

1. **衝突當事人本身的特徵**：包括當事人的性格、引發衝突的動機，以及發生衝突時所持有的資源與權力等。例如：樂觀者較習慣尋找社會支持、對不利事件採取正向再評估、感覺自己能向外尋求有效資源用來克服壓力事件，因而比較容易將「真實衝突」轉化成「附帶性衝突」，讓衝突更有機會朝建設性方向發展。

2. **雙方在衝突發生前的關係品質**：包括親子雙方對彼此的態度、信任與期待等。當親子之間長期以來都維持相當良好的關係，有足夠的相互理解與信任，即使身處在衝突當中，雙方對於衝突事件之知覺、認知、期待、標準及所欲達成目標，會比較願意以善意的角度來理解及歸因，不至於讓原本可經由溝通達成解決的單一事件，衍生為替換性或虛假類型的衝突情況。此外，若平時的親子互動就很順暢，雙方在衝突當中也比較願意採取合作式的衝突解決策略，而不會退縮逃避、拒絕溝通，或讓緊張升高到敵意與攻擊的層次，因而較容易有機會讓衝突朝建設性的歷程發展。

3. **衝突發生時的外在環境因素**：包括社會文化規範、家庭本身的氣氛或文化，或其他可能促進與抑制衝突解決的因素。例如：曾有學者指出[17]：由於華人社會相當強調「和諧」這一價值觀，因此在屬於縱向內團體的親子互動關係中，當居於劣勢的子女與居高位的父母發生衝突時，為了維持關係的和諧，子女最可能採取的優先反應是「忍讓」的模式；除了維持關係和諧外，如果子女還希望同時從中追求個人目標，則子女必須替父母「顧面子」，而採取「迂迴溝通」的協調方式，或採取「陽奉陰違」的方式來處理衝突；但如果居高位的父母不顧居弱勢地位子女的感受，執意堅持達成自己的目標時，子女有可能採取反抗行動，繼而爆發嚴重的抗爭。筆者以往的研究結果也顯示：當親子間是因為「父母的不適任行為」而衍生出衝突時，則對於僅持有高權威性孝道信念的子女而言，其孝道信念並無法產生抑制親子衝突發生頻率的作用。相較之下，當親子衝突來源是由「父母的自我中心」所衍生時，則青少年子女持有高相互性與高權威性孝道信念者，都能顯著地抑制親子衝突發生的頻率。換言之，當父母的行為是符合其角色責任或家庭倫理規範時，即便父母的管教要求與子女的期待不一致而導致衝突，但衝突歷程較可能朝建設性結果演進；但若父母的行為明顯違背其角色責任或家庭倫理規範時，由此衍生的親子衝突則較容易朝向破壞性結果的方向發展。

4. **與衝突事件有利害關聯的第三人因素**：這包括第三人與衝突雙方的關係。過去不少研究顯示：不少親子間發生衝突

的原因是受父母雙方的婚姻衝突波及所造成；換言之，此時親子衝突只是作為一種替換性的衝突類型而已，其真正潛藏的衝突原因還是在於父母親本身的相處互動存在某些難以解決的問題，致使其中一方透過借題發揮或以結盟的方式，將原先無法解決的夫妻問題溢流到親子次系統來，擴大它的影響範圍及複雜性，因而使得它欲朝往建設性歷程發展的困難度相對增加。

增進瞭解與情感才是衝突轉化的真正目標

本章內容呼應著晚近正向心理學的核心訴求，以「建設性」的角度重新解讀青少年時期的親子衝突歷程的多元及複雜面貌。透過文獻回顧與分析可發現，無論對青少年個人的身心適應發展，或親子間的情感與關係品質而言，親子衝突既是顯示彼此關係失調的外顯症狀，也是讓青少年（甚至是父母）心理成長或提升親子關係品質的藥方。儘管親子關係在權力結構與資源上的不對等，使親子衝突對居於弱勢的青少年子女較容易造成負面影響，但若能以歷程取向觀點擴充青少年親子衝突概念可能涵括的正向功能，則衝突事件本身不僅是呈現「對事件意見與觀點存有差異」的媒介，也是促使問題得到突顯並得以及早解決的契機。面對衝突情境時，青少年可從中檢視與評估自己解決衝突的相關能力，並在最後問題獲得解決時，體驗到良好的自我效能感。此外，親子衝突亦有助於青少年理解自己與父母的區隔，有助於建立個人的自主與自我認同感。另一方面，對中年父母而言，親子

衝突也同樣有助於其理解不同世代的價值觀差異，作為修正教養理念或方式的參考，並對子女逐漸成長、乃至離家獨立生活的發展進程中，對原本家庭關係、結構造成改變或影響進行自我調適。至於可能涉及衝突轉化歷程的關鍵要素，主要在於人們對於兼具正、負向意涵及功能的衝突現象，親子雙方如何評估、面對及共同處理。

本質上，衝突是一種隸屬於「關係」的現象，它的正向處理與解決也需要從「關係」的角度著手，才能發揮事半功倍的效果。具體而言，親子雙方如何評估、面對及處理衝突問題時，都應該把整體關係的維繫與改善置於對個人目標與利益的追求上，不然至少也該在評估如何解決衝突時，把對方的立場及需求納入考量。或許細心的讀者已注意到，前文中各項有助於衝突建設性轉化歷程發展的關鍵要素，不論是功能導向屬性評估、前因焦點情緒調節模式、支持性溝通型態及共享式消解策略，雖然都只是從父母或子女個人的角度來陳述如何執行改善親子衝突現象，但這些轉化要素背後的核心思維或運作方式卻都是以改善雙方關係為訴求，如此才可能透過衝突事件中任一方的努力，帶動彼此的關係朝建設性方向發展。當然最佳情況莫過於，親子雙方在面對衝突時都同樣將兼顧彼此的需求放在第一順位，如此一來，整個衝突因應歷程更容易在良性循環中往建設性方向發展。

在華人家庭中，孝道是規範親子關係該如何互動的準則，然而第二章提及的權威性孝道重視「獨益性」、「角色性」，要求子女對父母單方向的責任，強調親子關係的上尊下卑；但相互性孝道則突顯「互益性」、「情感性」，強調良

好的親子關係需要依靠彼此正向的互動而建構，強調親愛勝於敬畏，情感高於角色扮演，彼此是對等的關係，是以親子雙向互惠為核心，以情感經營為基礎。因此即便在親子衝突的情境下，也會因為親子各自所持權威性與相互性孝道信念程度的多寡，而讓衝突歷程朝建設性方向轉化的可能性有所不同。其中，相互性孝道強調的是透過親子間穩定的情感基礎來化解親子衝突，與本章倡導的以關係為導向的衝突解決方式不謀而合，也有助於子女的自主性發展；至於權威性孝道，則偏向強調「依循家庭倫理階序」的規範，透過要求子女以其家庭角色之義務為優先，以順從父母或自我犧牲來壓抑親子衝突的發生或白熱化。它雖然一時間對衝突可能帶來負向衝擊有其緩衝效果，但從較長遠的時間歷程來看，則不一定是因應衝突的恰當方式。然而若在高權威性孝道信念下，又持有高相互性孝道的情感基礎作為支撐，則又當別論。

近來不少社會青少年暴力事件持續引發大眾對子女教養、親子關係議題的討論與關切，本章雖非直接探討親子關係與父母教養內容，但卻可將兩者與「親子衝突建設性轉化歷程」相結合而一同思索。根據筆者對家人互動多年研究的心得及經驗，良好的關係品質是任何人際互動與衝突訴求建設性發展的必要條件。如何在親子互動過程中，時時用心經營以維持良好關係品質，恐怕是父母教養策略發揮效果的核心要素，它同時也是可用來檢驗父母採取的教養模式是否成功有效的重要評估指標；更是親子衝突情況下，能讓衝突歷程朝建設性方向轉化的重要因素。換言之，若發現親子關係

品質變壞時，或許就是為人父母者需要調整教養策略的關鍵時刻了。

其實多數父母對於教養子女的基本原則都能說得頭頭是道，諸如慈愛而不溺愛、嚴格而不嚴厲、說理而不強求、關心而不干預、公平而不偏心、參與而不介入、彈性而不固執、鼓勵替代懲罰、身教重於言教等；至於不同年齡層的未成年子女，其實也都很清楚父母心目中最基本的要求與期望，例如：與兄弟姊妹好好相處、不讓父母操心等。許多常見的青少年行為問題，其實並非因為不理解父母的想法，而是因為清楚知道父母的要求標準難以改變，一

父母總希望孩子能跟兄弟姊妹感情融洽

旦自認為無法達到要求或滿足父母的期待，在難以憑自己力量找出合適解決方法之下，只好以最簡單、直接的方式（例如：說謊等）來掩飾問題或宣洩壓力。要解決一般家庭普遍存在的親子問題，其實並不需要多高深的知識，只是在真實的教養情境中，說來簡單的道理或原則往往顯得知易行難。有智慧的父母，與其不斷向外尋求更新、更好的作法，不妨先試著從與子女的日常互動經驗中觀察彼此，依據子女的行為回應重新調整與規劃自己的教養方式，在這樣教學相長的過程中，或許能讓親子雙方都更體會到彼此都有不夠完美的地方，也更珍惜對方的努力。

親子衝突處理大絕招——真心實意比標準技巧更重要

　　本章介紹的研究主題是最為生活化的親子衝突，但卻刻意避免直接以各種故事情境來說明相關知識，而是從純理論的角度針對衝突性質、特徵提供許多描述與分類。之所以選擇這樣的呈現方式，主要是考慮親子衝突這一主題太貼近生活，無論是採用真人真事改編的故事，或配合學術研究的發現編寫相關案例，推廣某些衝突因應技巧，都容易讓讀者不自覺地對號入座，由個人經驗解讀故事內容；這麼一來，讀者往往會優先比對故事中的衝突內容、解決方法，和自己以往的經驗、作法是否符合，相對忽略了故事中對衝突情境脈絡的鋪陳，以及能讓特定解決方式發揮最佳效用的執行細節。為了讓讀者能跳脫出衝突當事人的角度，以較冷靜旁觀的眼光重新分辨親子衝突的類型、不同類型衝突真正要解決的問題所在，才改採類似說明書的形式介紹不同的衝突分類架構。畢竟在生活中看來相同或相似的親子衝突內容（例如：遲歸、不報告行蹤），卻可能代表不同的衝突類型（例如：真實衝突、替代衝突、假性衝突），若無法超越「具體衝突內容」，看到衝突背後較抽象的類型結構，往往會讓父母只執著於確認自己的要求是否合理、教養

理念是否正確，但無法根據衝突當下眞正的問題關鍵對症下藥。

另一方面，在以往的社會觀念中，如何扮演親職、養育小孩只是單純的家務事，多半是由家中長輩傳授經驗；但現代社會中各種育兒或教養知識已逐漸醫療化、專業化，目前坊間就有許多以親子教養爲主題的電視節目或暢銷書籍，這也讓一般民眾習慣從各種資訊中，不斷比較出最好、最新、最專業的做法。不過人與人之間的溝通互動並沒有標準答案可循，一旦讀者自認爲找到了「這樣說一定不會錯」的標準答案，往往反而可能造成更多的親子溝通問題，因爲眞正的溝通與衝突解決，必須隨時留心對方的回應以及周邊的情境脈絡，才可能順利進行。若心底已有了完美的回應方式，自然不會再關注這些不斷變化的細節與線索，只是想找時機用一句話「完勝」對方。爲了讓讀者們能跳脫過度偏重溝通技術或技巧的心態，只是按故事索驥，在衝突情境和最佳回應內容之間做出機械化的連結，本章還是盡可能地透過文字描述，將四種衝突轉化成分對應的思考與行爲模式的細節做完整的刻劃，好讓讀者能掌握實踐各種思考與溝通技巧的細節。

最後也要提醒讀者，本章所介紹的四種衝突轉化成分固然都可算是一種思考或行爲技巧，但卻不是照本宣科把技巧練熟就能解決所有問題，就像即使場

第1章

第2章

第3章

第4章

第5章

第6章

景、情節、臺詞與對手全都相同，但有些演員就是能讓觀眾感動，有些演員即使熟記臺詞、看不出有任何差錯，卻讓觀眾感受不到角色本身的性格與溫度，還有些演員演得太誇張、過火，反而讓人感覺虛假。談到如何評價演技，大家都知道最重要的是投入情感、融入角色，而練習應對親子衝突的技巧其實也有異曲同工之妙，真正發揮作用未必是固定的臺詞與某些外顯的技巧，而是能否真正拋開對錯之爭，試著瞭解、接受對方的感受與想法，共同討論出雙方都同意的最終結果。若沒有真正投入想要更理解彼此的心意或情感，無論準備好再完美的臺詞、表現出再標準的回應技巧，都無法帶動對方進入建設性歷程的循環中。

註釋

1. 見 Foster, S. L., & Robin, A. L.（1988）. Family conflict and communication in adolescence. In E. J., Mash & L. G. Terdal（Eds.）, *Behavioral assessment of childhood disorders*（2nd ed., pp. 717-75）. New York, NY: Guilford.

2. 見 Smetana, J. G.（1989）. Adolescents' and parents' reasoning about actual family conflicts. *Child Development, 60,* 1052-1067.

3. 見 Yau, J., & Smetana, J. G.（1996）. Adolescent-parent conflict among Chinese adolescents in Hong Kong. *Child Development, 67,* 1262-1275.

4. 見 Shek, D. T. L.（2000）. A longitudinal study of adolescent social relations and antisocial and prosocial behavior in Chinese context. *Psychologia, 43,* 229-242. 與 Shek, D. T. L., & Ma, H-K.（2001）. Parent-adolescent conflict and adolescent antisocial and prosocial behavior: A longitudinal study in a Chinese context. *Adolescence, 36,* 545-555.

5. 見 Steinberg, L.（1990）. Interdependence in the family: Autonomy, conflict, and harmony in the parent-adolescent relationship. In S. S. Feldman & G. L. Elliott（Eds.）, *At the threshold: The developing adolescent*（pp.255-276）. Cambridge, MA: Harvard University Press.

6. 見 Yeh, K. H.（2011）. Mediating effects of negative emotions in parent-child conflict on adolescent problem behavior. *Asian Journal of Social Psychology, 14*（4）, 236-245.

7. 見 Fredrickson, B. L.（2001）. The role of positive emotions in positive psychology: The broaden-and-build theory of positive emotions. *American Psychologist, 56,* 218-226.

8. 見 Talarico, J. M., Berntsen, D., & Rubin, D. C.（2009）. Positive emotions enhance recall of peripheral details. *Cognition and Emotion, 23,* 380-398.

9. 見 Becker, S. I., Horstmann, G., & Remington, R. W.（2011）. Perceptual grouping, not emotion, accounts for search asymmetries with schematic faces. *Journal of Experimental Psychology: Human Perception and Performance, 37,* 1739-1757.

10. 見葉光輝（2012）。〈青少年親子衝突歷程的建設性轉化：從研究觀點的轉換到理論架構的發展〉。《高雄行為科學學刊》，3 期，31-59。

11. 見 Gross, J. J.（1998）. Antecedent-and response-focused emotion regulation: Divergent consequences for experience, expression, and physiology. *Journal of Personality and Social Psychology, 74*, 224-237.

12. 見林昭溶、林惠雅（1999）。〈國中學生親子衝突的因應歷程〉。《本土心理學研究》，12 期，47-101。

13. 見 Alexander, J. F.（1973）. Defensive and supportive communication in normal and deviant families. *Journal of Consulting and Clinical Psychology, 40*, 223-231.

14. 見 Patterson, G. R., & Fisher, P. A.（2002）. Recent developments in our understanding of parenting: Bidirectional effects, causal models, and the search for parsimony. In M. H. Bornstein（Ed.）, *Handbook of parenting（Vol. 5）: Practical issues in parenting*（2nd ed., pp. 59-88）. Mahwah, NJ: Lawrence Erlbaum Associates.

15. 見 Wong, S. M., Leung, N. M., & Mcbride-Chang, C.（2010）. Adolescent filial piety as a moderator between perceived maternal control and mother-adolescent relationship quality in Hong Kong. *Social Development, 19*, 187-201.

16. 見葉光輝（1997）。〈親子互動的困境與衝突及其因應方式：孝道觀點的探討〉。《中央研究院民族學研究所集刊》，82 期，65-114。

第1章
第2章
第3章
第4章
第5章
第6章

17. 見黃光國（2009）。〈華人社會中的衝突化解模式〉。見黃光國（著）：《儒家關係主義：哲學反思、理論建構與實徵研究》（pp. 447-500）。臺北：心理出版社。

延伸閱讀文獻

1. 筆者近期針對親子衝突議題所發表的相關中文著作：

葉光輝（2012）。〈青少年親子衝突歷程的建設性轉化：從研究觀點的轉換到理論架構的發展〉。高雄行為科學學刊，3 期，31-59。

葉光輝、曹惟純（2014）。〈成人親子衝突之建設性轉化路徑：衝突功能性評估、共享式解決策略與個人生活適應的關聯〉。《中華心理衛生學刊》，27 卷 2 期，173-199。

2. 其他具本土意涵的家庭衝突建設性轉化歷程相關研究：

劉惠琴（2003）：〈夫妻衝突調適歷程的測量〉。《中華心理衛生學刊》，16 卷 1 期，頁 23-50。

第 **5** 章

一加一大於二的
雙元架構

CHARACTER

一加一大於二的雙元架構

　　筆者歷年來在華人本土性格心理學研究領域的主要焦點，大致立基於前幾章所介紹的三項理論架構的提出與驗證。這些理論模型看似分別處理不同性質的研究主題，然而，在針對代表華人文化的孝道概念、歐美文化中源遠流長的自主性概念、廣受跨領域關注的親子衝突概念進行理論建構的過程中，卻始終有個共同的主軸貫穿其間——雙元性（duality）。顧名思義，多數讀者從孝道雙元模型、雙元自主性模型的理論名稱，就能直觀地掌握到這兩個理論模型都與雙元性有某種關聯；然而，近期發展的「親子衝突建設性轉化概念架構」，無論從理論命名方式或理論架構上，似乎都無法讓人直接聯想到雙元性。不過，就如前一章名稱的提示：親子衝突本身既是青少年在成長歷程中，為了建立自我認同、準備進入成人生活所展現出的「症頭」，也是有助於其累積不同面向能力以達成成熟自主的「藥方」，此種正反兼具的意涵正是此一理論架構所展現的雙元性。

一體兩面：從二分法到雙元性

　　「雙元性」雖然看起來像是某種深奧的學術、專業名詞，很少在日常口語中出現，但在生活中卻隨處可見。要瞭

解雙元性，不妨先從「二元對立」開始，二元對立是指將事物劃分成兩個對立面來進行思考，例如：在與人爭執的情境下，我們常會不自覺地陷入以非黑即白的方式評斷雙方的對錯。這種對／錯絕對二分的方式很容易讓彼此的立場更為對立，最後演變只是跳針式的重複強調對方的想法一定是錯的，無法對真正造成雙方爭執的問題本身做任何實質的討論。

一旦貼上「對／錯」標籤，爭執的解決就困難重重

當我們在評論身邊朋友、小說或電影人物的性格時，也總是習慣性地以理性／感性的二分法進行解讀；不過一旦換成自己被貼上理性或感性的標籤，每個人可能都在心底默默反駁，認為自己的動機或行為意涵被過度簡化。相對於二元對立思考模式強烈而明確的價值判斷，「雙元性」並非只是把一切都變成模糊不清的灰色，也不是標新立異故意唱反調，硬將黑的說成白的，更不是用打圓場的方式，將兩邊的立場各自削弱一些，降低對立程度。

雙元性的真正關鍵其實在於徹底跳脫原本二分法背後過度簡化、去脈絡的認知模式；以「可憐之人必有可恨之處，可恨之人必有可憐之處」這則常見的華人俗諺為例，古老俚俗智慧之所以提醒大家思考「必有的可恨之處」，並非是要強調此人「並不可憐」（唱反調）、「沒那麼可憐」（打圓場），或認為可憐、可恨之間充滿難以區辨的灰色地帶，無須將兩

者拿來做對比。實際上，這則俗諺是透過「回文」的修辭方式，在可憐與可恨兩種屬性的強迫選擇間達成平衡，對其內容較合適的解讀或許是：無論面對看起來可憐或可恨之人，都應該避免只憑直覺、單一的事件或個人特徵，就將可憐或可恨的標籤貼到對方身上，形成某種對他人性格、生命經歷的整體判斷。唯有暫時不做評價，先仔細瞭解來龍去脈，才可能給予適切的回應。更進一步而論，雙元性思考的重點並非要追究可憐或可恨何者更符合真相、更正確，因為各種人事物的性質並不是一道是非題或選擇題，與其讓思考方向侷限於可憐、可恨這一組對立的語言標籤，不如關心如何能深入理解實際的情境與問題、該如何協助解決問題等，或許更能從中獲得到有意義的經驗與體悟。

日常生活中各種場景，小至夫妻間的爭執、大至兩股政治勢力的長期對峙，都能讓人感受到二元對立模式容易激起極端而僵化的思考，讓溝通淪為無意義的語言遊戲，彷彿永遠沒有相互理解、達成共識的可能。那麼為何大家依然不斷繼續使用二分法呢？從雙元性的角度來看，二分法的思考模式也並非全無功能，由於生活世界中的資訊過於龐雜，為了能減輕個人認知思考系統的負擔，迅速掌握重要的資訊，必須仰賴某些簡單而方便的意義判斷架構。此外，尋求確定性也是個人重要的心理需求，難以確定的模糊情境本身就是一種壓力來源，很容易使人陷入焦慮、混亂。以往研究曾發現：在社會快速變遷下，當各種多元價值盛行，大眾反而容易迷失自我、無所適從，在希望找到簡單明確的價值依歸下，二分法的思考模式也就提供了最方便、有效的選擇。

同理，雙元性的思考模式，若欠缺對兩種矛盾立場的實質整合，仍可能淪為形式上的相對主義。某些人經常對自己的發言是否足夠「客觀」、「中立」保持高度警覺，但若只是為了避免對事物產生任何判斷，以確保自身立場的超脫，讓自己的論點永遠立於不敗之地，同樣難以與他人達成有意義的溝通。

整體而言，雙元性思考方式的重要之處在於，其有助於化解看似對立矛盾的問題，將原本被切割二分的個別成分統整於更高的層次，產生一加一大於二的效用。此外，在整合兩種對立面的歷程中，不僅可能拓展個人認知思考的完備度，甚至也有益於提升個人的內在修養、境界。在西洋哲學中，黑格爾（G. W. F. Hegel）

黑格爾

在其辯證法中所強調的「正—反—合」形式，東方文化中彼此相生相剋、不斷循環的陰陽概念，其實同樣都在闡述雙元性的運作。當代重要的社會學家布爾迪厄（P. Bourdieu）、紀登斯（A. Giddens）也不約而同提出各自的理論概念來整合「（個人）行動與（社會文化）結構」的雙元性，可見雙元性或雙元架構在學術界原本就是相當受歡迎，且能解決重要學術爭議的理論建構方式。至於雙元性究竟如何落實在筆者所發展的一系列本土性格理論模型中，以下將逐一介紹。

一樣的本土化關注，不一樣的雙元性

「雙元性」雖是筆者建立本土性格理論的基礎理念，但並非只是以某種固定架構直接套用到不同性質的概念上，或只是機械化地將所有概念都區分成兩個面向。前文中對三個理論模型內容的介紹，其實已或多或少提到了各種不同層面的雙元性意涵，為了讓讀者能更清楚掌握雙元模型的多樣性，此處以較有系統的方式扼要地彙整三個理論如何透過不同的概念架構反映出不同的雙元性，以及它們分別整合了哪些二元對立觀點（詳細整理內容可參考表5-1）。

在**孝道雙元模型**中，為了讓原本被視為具文化特定性的孝道概念，轉換成能普遍適用於所有個體、反映出有意義文化差異的心理學概念，在理論建構上，特別將文化式的孝道概念重新轉化為反映子女與父母互動原則的心理基模。由於此種心理基模自然鑲嵌於親子關係結構本質中，因而此時雙元架構的重點在於：透過相互性、權威性兩種不同的孝道面向，突顯出親子關係結構兼具水平與垂直關係的雙元性，以及子女在親子關係中既是獨特個體、同時也扮演特定家庭角色的特性；並且將相互性與權威性孝道的運作分別連結到子女的兩種基本（親和與集體歸屬感）心理需求上，以反映出孝道這一文化設計除了可達成某種社會或集體功能（例如：強化家庭主動承擔養老責任），同時也能滿足子女個人的情感連結需求、社會歸屬感／集體認同需求。親子關係究竟該是對等的水平關係或具有上下階層的垂直關係，在一般論述中常以二分對立的形式呈現，而面對父母時究竟該像與朋友

互動般展現自我或恪守子女角色應盡的責任，也往往被塑造成某種難解的矛盾困境。孝道的雙元面向則整合了這些二分對立的觀點，並強調這些看似對立的性質其實原就存在於親子關係結構中，無法徹底根絕任一面向，也無此必要。因為這些看似對立的性質雖可能在某些情境中相互衝突，卻也有相輔相成共同發揮更大正面效果的可能；而其中被視為負面的性質（例如：親子間的不對等關係、子女恪守某些角色責任），在適當脈絡下仍可能有其正面功能存在；同理，其中被視為正面的性質（例如：親子間深厚的情感），若以某種極端的方式運作也可能帶來負面的非預期結果。此外，在學術上，孝道雙元模型的提出也有效整合了以往研究對孝道的種種爭論，例如：孝道信念對個人究竟具有正面功能或負面功能、如何從社會變遷角度統整舊孝道與新孝道的關聯等，都可由孝道雙元模型的理論架構加以解釋；不過與本書介紹的其他兩個理論模型相較，對文化與心理層次的整合可說是孝道雙元模型著力最深之處，此特色在第二章最末針對「文化的根在心裡」所提出的闡述已有完整說明，此處就不再重複。讀者不妨基於雙元性的觀點，再次回顧第二章的相關內容，或許能對文化與心理的交互關聯有更深刻的認識。

　　至於**雙元自主性模型**，則是致力於扭轉西方主流的自主概念所隱含的文化偏誤，除了將自主性界定為「基於個人意志決定任何行動的能力」，並透過個體化自主、關係自主兩面向反映出：尋求自身獨特性與人際親合這兩種基本心理需求，都可作為自主行動的實踐目標。事實上，無論來自任何文化的個體，必然都具備基於個人意志與想法做出行動的

能力，不過，西方文化特別強調「自主有助於讓人成為不同於他人的獨特存在」，因此，「基於個人意志所形成的自我決定」也逐漸被解釋為：個人的所有決定都不受他人影響，必須貫徹由自己心中萌發的想法，若考慮他人感受、意見而改變自己最初的想法或決定，就等於失去自主；換句話說，自主與個人獨立程度、獨特性被劃上等號，其實是受到特定文化影響所導致的結果。有意思的是，即便在西方學術傳統中，自主性也總是和道德、政治行為等涉及個人與集體關係的特定議題相連結，這其實已反映出：「自主」絕不是在排除他人造成的任何外部影響下展現自我，而是基於某種人我關係脈絡的自我展現或行動實踐。因此，雙元自主性架構並不只是在西方理論架構下額外添補了關係自主性這一成分，更不是將關係自主性當成華人版本的自主性；而是點出尋求個體獨特性雖是基本心理需求之一，但其並非自主性的內涵或判斷標準，和尋求關係連結一樣，尋求個體獨特性也只是某種普遍存在的行為目標。不同於兩種孝道面向可分別代表孝道的心理原型與文化原型，在雙元自主性架構中，無論是作為動力基礎的自主意志、作為實踐目標的兩種基本需求都是「心理」成分，文化在這裡則扮演類似轉轍器的角色，根據個人面對的情境特徵，將底層的自主動力調向兩種實踐目標中的一方。固然不同文化確實可能偏重強調其中一種特定的行為實踐目標，但這並不會改變個體化、關係連結是不可偏廢的兩種重要心理需求，也不會改變這兩種目標的實踐同樣需要的自主動力根源。

最後，**親子衝突的建設性轉化模型**對雙元性的處理重

點，則是將正面功能帶入一般被視為絕對負面的衝突概念中。此模型與前兩項奠基於雙元架構的理論相當不同，除了建設性衝突是西方學界早已提出的既有概念，模型中四種建設性／破壞性的衝突歷程轉化成分也幾乎都是既存的心理學概念，例如：前因焦點因應模式、支持性溝通型態、共享式衝突解決策略等。不過藉由歷程模式的架構來呈現衝突概念，讓原本在西方理論中呈現二元對立的「建設性／破壞性衝突」架構，在歷程模式中展現出正反兩面並存的雙元性。西方的概念架構雖也認為衝突可具有正面功能、建設性意涵，但其所提出的建設性衝突只包含各種正面因應行為，破壞性衝突則充滿各種負面的因應處理模式，兩者是完全分離，不可能同時出現的。然而，在親子衝突建設性轉化模型中，衝突歷程中每個階段的轉化成分都可能隨時朝建設性或破壞性方向運作，即使前一衝突階段中呈現出建設性的轉化，下一階段仍可能朝破壞性方向轉化發展。

　　乍看之下，親子衝突的建設性轉化模型並未處理任何「文化」因素，但表面上一系列既有概念的串聯，卻為親子衝突概念架構帶來重要的深層轉換，真正整合了衝突本身正反兩面並存的雙元性。舉例來說，支持性溝通在西方理論是絕對正面的衝突因應方式，但這樣的溝通方式之所以有助於衝突解決，並非只是藉由讓對方先毫無顧忌地表達自己的情緒與意見，以降低其怒氣，更重要的是，必須善用這樣的機會逐步探詢、理解對方真正的想法或問題，唯有打從心底不再將對方的立場、做法視為錯誤的，希望尋求雙方的共識，才能真正營造出支持的力量；否則若只是形式化地給予對方

溝通時最怕遇到暴怒

發言機會，始終只關注能否說服對方、證明自己的觀點或意見較正確，即使表面上的應和能暫時緩和互動氣氛，從整體歷程的發展來看，一旦對方發現自己努力表達的意見遭到忽視，仍可能瞬間感到暴怒或拒絕繼續溝通。

另一方面，諸如否定對方、激動而情緒化的自剖或質問等偏向防衛性的溝通模式，從理論上看來似乎對解決問題毫無助益，在當下也可能讓互動氣氛更為緊繃。但若這些看來激動的發言確實是個人難以輕易表達的真心話，而非單純挑釁或失控的氣話，即使其中夾帶負面的情緒與表達方式，卻也可能觸動對方或帶來彼此坦誠以對的機會，反而成為讓衝突歷程朝正面演進的轉捩點。此種基於長程思維而將衝突當中各種行為反應的延宕效果共同納入考量，且容許各種衝突因應行為在不同階段產生質變的衝突歷程觀點，其實已彰顯出華人本土心理學與西方主流心理學在思考方式本質上的差異。我們可以說，親子衝突建設性轉化模型確實不像典型的本土心理學理論，但也正因如此才反映出它對於擴充本土心理學理論樣貌多元性的貢獻。上述三項本土性格理論對雙元性的處理重點，已用最精簡的方式摘要於表5-1中，讀者可對照參考。

表5-1　三項本土性格理論對雙元性的處理

理論	反映雙元性的基本架構	對二分式立場或觀點的整合
孝道雙元模型	1. 孝道本身雖是特定的文化價值，但其運作同時包含親子關係結構的雙元性，可對應於兩種普遍心理需求。 2. 命名時，雙元放在孝道之後，強調釐清孝道本身的雙元性，方能將之從文化價值轉換成心理學概念。	1. 文化與心理：整合華人特定的文化價值概念及其背後普遍的心理需求。 2. 整合親子關係結構本身的水平、垂直關係特性，即子代同時身為「獨一無二的個體」與「家庭（即子女）角色」。 3. 整合子代在親子關係運作中「追求人際情感連結」、「實踐特定角色責任以獲得社會認同」兩種基本心理需求。
雙元自主性模型	1. 自主性（基於個人意志決定如何行動）本身是跨文化普遍存在的基本心理動力，但不同文化會強化不同的行動目標。 2. 命名時，雙元放在自主性之前，表示兩種自主性具有共通動力基礎（自主程度相同），只是此動力朝向兩種不同的行動實踐目標。	1. 文化與心理：整合作為普遍的基本心理動力之自主性特徵與特定文化可能偏重強化不同的行動目標。 2. 個體化（追求自身獨特性）與關係連結（追求人際親和）兩種基本心理需求都可以是自主的行動實踐目標。 3. 兩種面向的自主能力並存於來自任何文化的所有個體身上。
親子衝突建設性轉化模型	1. 以歷程模式來反映親子衝突本身在任一歷程階段與衝突結果上皆可能展現出正面或負面的性質。 2. 理論名稱不含「雙元」一詞，但歷程架構中，每個轉化成分與衝突解決結果都同時包含建設性／破壞性兩種面向。	1. 對親子衝突本身具有的正反兩面性質與功能達成實質整合。 2. 整合親子雙方心理與行為特徵對衝突歷程與衝突結果性質的交互影響。 3. 衝突歷程各轉化階段可能出現正反循環，前一階段呈現破壞性，下一階段仍可能轉向建設性，反之亦然。

雙元架構的整合：一個也不能少

在這三個理論模型中，孝道雙元模型雖因提出時間最早，引用率相對較高，但卻也是最常受到誤解的理論。多數批評者一旦看到相互性孝道在子女個人身心適應上主要呈現正向效果、權威性孝道則以負面效果居多，就立刻將相互性與權威性孝道視為兩種彼此對立的孝道面向，或認為特別區分出兩種不同孝道運作面向並無額外益處。當然，這種看法並不正確。所謂的二元對立其實是指同一屬性向度上互斥的兩極端，兩者之間相互競爭，其中一者的作用強度愈高、另一者的作用強度就愈低；但相互性與權威性孝道的關係卻非如此，它們是兩種可以同時並存於任何個體之內的親子互動基本運作模式。高度重視相互性孝道的人，既可能同樣高度重視權威性孝道，也可能完全不重視權威性孝道。例如：在孝道雙元模型發展過程的系列研究中，就曾以研究樣本在「相互性」、「權威性」兩面向的孝道得分高低，區分出四種不同孝道信念模式類型（見圖5-1）——兩種孝道面向得分皆偏低的「非孝型」、權威性面向得分偏高但相互性面向得分偏低的「權威型」、相互性面向得分偏高但權威性面向得分偏低的「相互型」、兩種孝道面向得分皆偏高的「絕對型」。而不同孝道類型者，在解決親子衝突的策略選擇上也顯現出符合理論預期的差異。例如：與其他三類樣本相較，非孝型的個體最少使用自我犧牲策略來解決親子衝突；顯見相互性與權威性面向不僅是兩種共同運作的個別心理成分，透過區隔這兩個面向也可對相關議題做更深入的分析比較，展現出一加

第1章

第2章

第3章

第4章

第5章

第6章

圖5-1　根據雙元向度區分出的四種孝道模式類型及其特徵

高權威性孝道

權威型
- 與父母關係較不親密
- 重視子女基本責任義務
- 為了扮演好子女角色形象會選擇自我犧牲，超過負荷時雖會覺得委屈，卻較少溝通協調

絕對型
- 與父母關係情感深厚
- 以情感作為實踐子女角色義務的基礎，較有彈性
- 認為付出情感，讓父母快樂就是無價的回報，較少將自己的極端孝行視為犧牲或負擔

低相互性孝道　　　　　　　　　　　　　　高相互性孝道

非孝型
- 與父母關係較疏離
- 對子女角色欠缺認同
- 很少為父母而自我犧牲
- 並非等於「不孝」，而是採用孝道之外的其他原則與父母互動，例如：只考慮成本效益

相互型
- 與父母能維持良好溝通且重視經營雙方情感
- 認為孝行應依個人狀況量力而為，不該有固定標準
- 願意為父母的福祉而犧牲，超過負荷時會透過溝通解決問題，避免累積負面情緒

低權威性孝道

一大於二的雙元性意涵。

　　儘管孝道雙元模型為了強化理論成分的區隔，的確傾向突顯相互性孝道的正面效果與權威性面向的負面效果，但完整的理論內容仍認為權威性與相互性孝道面向在個體運作層次皆同時包含正、負面的效果，只是相互性面向對個人發展、適應的正面效果較顯著，權威性面向則對個人發展適應的負面效果較突顯。在社會文化層次上，相互性與權威性兩類孝道面向都具有類似的正面功能──皆以善待父母、維繫家庭和諧為訴求（然而，兩者達成此社會文化層次訴求的心理運作機制不同），也因此兩面向之間呈現中度的正相關，而非呈現彼此互斥的高度負相關[2]。若將孝道作用的特定情境、

心理範疇同時納入考量，便可發現在某些情境與範疇中，相互性孝道確實可能導致負面影響，而權威性孝道亦有可能產生正向效果。關於相互性孝道對子女個人可能的負面影響，可從「親職化現象」來理解。親職化是指子女（特別是未成年的孩童）在家庭遭遇突發變故等特殊狀況下，可能導致親子位置倒轉，使子女承擔起原本父母角色應該負責的家庭功能，例如：賺錢貼補家用、負責各種家務、照顧家人等。曾有研究訪談獲得孝行楷模表揚的未成年學生，並發現這些尚在學的兒童、青少年往往是以自願犧牲、體貼又善於照顧家人的「親職化行為」獲得表揚，然而其所承受的超齡壓力及家庭系統中不合理的親子界限等問題卻相對嚴重且被忽略[3]。從親職化子女的表現不難看出，各種貼心的行為、情緒支持，皆與強調親子間親密情感的相互性面向較契合；當子女的相互性孝道信念愈高，愈有可能在家庭遭遇問題時，希望透過為父母分憂解勞來表達自己的情感、拉近與父母的關係，這種無條件的自我犧牲，很容易讓親職化子女不自覺地淡化了各種乖巧或孝順表現下無形的壓力、負荷，默默埋下

某些潛在的身心適應問題。筆者近年在各種家庭教育政策與實務的參與過程中，也開始推動修改以往潛藏子女親職化問題的孝行楷模選拔標準，而目前已重新正名的

負責家務的孩子，孝行的背後原因百百種

「孝親家庭楷模」，其選拔標準設定除了避免間接鼓勵未成年子女過度犧牲或超齡的極端孝行表現，也將整體家庭脈絡共同納入考量，強調所謂的「孝行」其實表現於親子間相互的正向情感循環之中，不宜只由子女單向的付出或犧牲程度來評估。

　　至於權威性孝道對子女個人可能具有的正面效果，可由其與自主性的關聯切入。由於不少國內外學者對孝道的刻板印象即是壓抑順從，甚至認為孝道傳統對個人自主性會造成負面影響，這不僅將權威性孝道視為外在的文化桎梏，忽略其在個體層次所具有的心理功能，也在「自主性」定義上有某種程度的文化偏誤。筆者曾有系統地驗證兩種不同孝道信念對青少年自主能力發展的影響，研究結果發現：個體的權威性孝道信念其實有助於促進其「關係自主性」的發展[4]；這項實徵證據不僅直接確認了權威性孝道在個體層次存在正面功能，也連帶澄清了將兩種孝道面向運作效果視為二元對立的誤解。就心理發展的角度來看，個人出生後第一個經驗到的社會角色即是「子女」，此角色自然也成為學習、內化整套社會規範體系的基礎，所以，權威性孝道高，代表子女有較高意願接受父母的教導，其除了透過教化學習互動歷程，體認其與父母之間的角色關係，也學習到何謂合宜的社會化行為，因而在人我關係的認知及應對技巧上具有較充足的準備。以往的研究經常選擇性地只關注孝道的正面或負面效果，雙元模型除了統整孝道的不同運作內涵，更強調權威性、相互性兩種孝道面向之間並無絕對的優劣之分，兩種孝道除了在社會與個人層次皆各有其功能，兩者也都同樣可能

在運作不良的狀況下對個人造成負面影響。或許唯有先拋開對孝道概念本身是好或壞的價值判斷，才可能慢慢看清孝道的完整內涵。

至於雙元自主性模型，由於個體化自主與關係自主各代表某種正面的能力，且在理論架構中已特別強調：這兩種自主性本身具有完全相同的動力基礎（皆源於自我決定），可共存於任何個體身上，因而兩種自主性面向較少被誤貼上二元對立的標籤。只是不少人或許都以一加一等於二的形式來理解雙元自主性，認為雙元架構就是在西方主流的自主概念之外，加上另一種適用於華人的自主性。但個體化、關係連結兩種行為目標與自主動力基礎的區分，其實已顯示出兩類自主能力共同存在於個體之內，因此，隨著兩類自主性下認知、情緒與規劃執行三面向能力的高低程度不同，還可形成多種不同的行為模式，超越了原本一加一等於二的基本效應。此外，兩種自主性的區隔也確實能讓許多相關議題得到更細膩的討論。例如：目前已逐步完成探討親子關係對青少年自主發展影響效果的系列研究成果，除了驗證父母的教養方式[5]與親子關係親密度[6]等因素，對兩種自主能力的程度、發展變化是否造成不同影響；甚至也可反映出父／母角色或不同類型的親子性別組合（例如：父女、母女）所造成的親子關係脈絡差異，對華人家庭文化在子女兩類自主能力發展上的運作機制與特色進行細緻的分析。青少年雙元自主性系列研究結果摘要，請見表5-2。

第1章

第2章

第3章

第4章

第5章

第6章

表 5-2　影響青少年雙元自主能力發展之因素及其效果

影響因素	子女個體化自主	子女關係自主
親子關係影響因素		
父／母溫情式教養	促進效果（母）	促進效果（父母）
父／母引導式教養	促進效果（父）	促進效果（父母）
需求支持教養方式	促進效果 （發展程度與速率）	促進效果 （發展程度與速率）
親子關係親密度	促進效果	促進效果
子女相互性孝道信念	促進效果	促進效果
子女權威性孝道信念	抑制效果	促進效果
家庭外經驗影響因素		
子女工作自主經驗	促進效果	無顯著效果

註：需求支持教養方式未特別針對父、母分開測量；透過追蹤資料分析發
　　現，此類教養方式同時促進雙元自主能力的發展程度（平均能力高或
　　低）與發展速率（每年能力增加的幅度快或慢）。

　　筆者在過往與西方學界交流的經驗中也發現，西方學者
雖在抽象的理論層次同樣強調「自主」與「關係連結」兩種
需求並不互斥，也認為從邏輯上來說，任何人都有可能既自
主又與他人保持親密的關係連結，不過一旦以實際的情境或
行為範例進行說明時，往往可看到文化無形而深刻的影響，
讓這些西方學者又不自覺地將自主、關係連結視為兩種難以
同時存在的對立成分。就曾有西方學者雖然同意在理論上
可能存在「關係自主性」這種概念，卻又忍不住反問筆者：
「世界上怎麼會有既能展現自主性、又同時滿足關係連結的
行為？」在西方學者眼中，所謂的「不對立互斥」是指：自
主性、關係連結兩者彼此獨立、互不干擾，因此，當需要滿
足自主需求時，就會展現能實踐個人意志或內在動機的行
為，而當需要感受到與他人有所連結時，則會展現促進人際

親和的行為，兩種行為是完全分離的。不過，這彷彿也暗示了各種人際行為較欠缺內在動機或個人意志、個人意志的實踐則不會涉及他人──自主與關係連結似乎又回到了類似對立互斥的狀態。至於當初用以說服國外學者的例子其實非常簡單，並不是特別罕見或難以想像的行為內容，只是依據西方理論的思路引導那位學者重新思考，原本被他認定為不夠自主的行為──參考父母、老師的建議與自己的想法後所做出的職業選擇。

整個說明過程先從重申西方學者對自主與否的判斷標準出發，既然西方主流的自我決定論強調任何行為都可能是自主的，無法由行為內容直接判斷，必須理解行為動機才能斷定自主與否，由這一點至少可讓對方暫時不再堅持，「融合他人想法形成最終選擇」的行為一看就知道不夠自主。接著再說明要判斷看來一模一樣的外在行為與決策結果究竟是否出自個人意志，只憑個人事後對自身行為或決策動機的評估、陳述仍有不足，更需要從後續對該決策的實踐過程加以觀察。例如：當進入所選擇的職業領域後，工作發展卻不如預期順利，原本並非發自內心接受各種意見、依自己意願調整出最終選擇的人，在此時就容易找不同藉口怪罪他人（例如：意見錯誤、態度太強勢害自己只能勉強屈服等），後悔沒有堅持自己的想法；而當初對他人意見的整合與最終決定，若是出於關係自主性的運作，即使日後遭遇問題，仍會為自己當初的選擇負責，也有較高的內在動機仔細瞭解發生問題或失敗的原因，並嘗試克服困難。西方主流的自主理論，僅針對行為動機不受外在因素影響的程度提出精細分類，以便

能瞬間就對行為的自主程度做出準確判斷；而雙元模型除了藉由兩種自主能力面向的區分，擴充了自主性在行為層面的可能表現模式，也讓內在動機對外顯行為模式的影響時間、範圍能得到更具整合性的呈現。

親子衝突的建設性轉化模型雖是近期才提出的理論，但迄今在學術討論與發表過程中得到的回饋以正面居多，多數學者與實務工作者（例如：教師、諮商師、心理師等）皆認同衝突本身可以兼具正、負面的意涵與功能，也特別關注此理論架構如何讓衝突直接與各種正面結果（例如：彼此的關係品質更好）相連結。由於以往對親子衝突的測量方式不外以衝突強烈程度、衝突發生頻率、引發衝突的事件性質為主，在此限制下很難找到為何衝突頻率愈高，反而有助於雙方關係親密發展的合理邏輯。為了解決這個理論邏輯上的問題，功能性衝突評估這一原創概念的提出也就至關重要，在引入此概念後，只要子女或父母認為雙方意見不一致也可能具有某種正面功能，即使爭執與衝突的頻率愈高，也只是反映親子雙方透過衝突的機會而有更多的相互理解，未必會帶來負面的影響。而一加一大於二的效果在親子衝突建設性轉化模型中，主要展現在「整體歷程大於其中個別轉化成分的加總」。在西方理論中，衝突歷程中的各種轉化成分是彼此獨立的，各種轉化成分的效果就像集點數一樣，能多達成其中一種行為模式，就多得一分，也就離100％的建設性衝突更近一些。然而，筆者所提出的建設性衝突轉化模型則強調，這一系列轉化成分在衝突歷程中不斷來回交織，都是為了最終能讓親子雙方從各執一詞的對立，重新感受到彼此之間原

第1章

第2章

第3章

第4章

第5章

第6章

本就已存在的「一體感」。換言之，希望能更理解彼此、讓彼此的關係更深厚的心態，才是真正貫穿衝突歷程的實質轉化力量；若不是以促進雙方關係朝更好的方向發展為優先考量，只是想表現出看起來最完美的、最理性的應對方式，即使克制住情緒、不斷思索與追問對方各種問題細節、表現出支持性溝通等行為，也只能暫時緩和衝突氣氛、讓事情不了了之，無助於解決親子相處或互動上的問題。

一加一大於二：別把申論題當選擇題

雙元模型並非特定學者的專利，也不會只有單一的表達形式，或非得安上雙元之名才能驗明正身。在心理學界，成功化解「性格（人）與情境」長期爭論的「交互決定論」（見第一章之介紹）觀點，其理論訴求同樣充滿雙元性的意涵。此外，當代認知心理學的研究典範，也愈來愈重視同時統整認知／情感、語言／非語言等二分架構下的個別影響機制。例如：探討說服歷程的精緻思維可能性模型（elaboration likelihood model, ELM）[7]，即同時考慮中央與周邊兩種不同思維性質的說服路徑對態度改變的影響。國內亦有學者針對幽默提出了雙路徑理解模式[8]，這些理論模型同樣反映出嘗試統整對立成分的雙元性理念。值得留意的是，雙元模型這種理論架構，在華人學界常與「文化—心理」對應關聯性的探討相結合。例如：從作為人際手段、作為最高價值目的兩種屬性來界定和諧的雙元和諧模型[9]，或近期臺灣學者提出的助人專業倫理雙元模型、研究倫理雙元模型[10]，都觸及了如何以

合宜的理論形式將華人本土文化脈絡的運作納入其中。

　　以雙元為名或具備隱藏版雙元架構的心理學理論模型其實不勝枚舉，不過單就此處列舉的例子已可看出，各理論中雙元性的涵蓋層次與焦點仍有所差異。認知心理學研究的雙元路徑雖統整了不同屬性訊息處理路徑的影響效果，卻還是集中於探討某種特定的認知運作功能，亦即在研究者自行劃分出的單一認知功能範圍內，將其中的運作歷程切割出更細、更繁複的成分，以便能更精準地描述與預測對訊息不同處理歷程所衍生的差異功能。對本土心理學者來說，其關注的統整則聚焦於文化與心理的關聯，在此關注下，所謂的心理角度多半以性格特質的形式呈現（或脈絡化的性格變項），也就是一整套足以反映個人自我特色的心理與行為傾向。這樣一套整體反應傾向，除了可能同時涉及情感、認知、行為等多元面向的能力或反應特性，也能廣泛與其他各種心理運作功能相連結。舉例來說，透過孝道的雙元面向內涵，除了讓我們對孝道本身、各種不同的親子代間議題的成因與問題解決有更多瞭解，從以往的實際研究也可發現：孝道還能連結到個人的完美主義傾向、學習動機、課業表現、同理心與角色取替能力、個人的性別角色態度與婚姻態度等；換言之，作為脈絡化性格變項的心理學式孝道概念，就像從孝道運作的角度打開一扇窗，能讓我們看到一個人更廣闊、全面的整體心理行為模式，這正呼應了本書開頭強調「性格」位於各種心理學次領域研究主題交會的核心，展現出「整體大於部分的總和」之特色。

　　所有理論或學術研究的終極目的其實都是為了更理解真實世界，進而將研究成果應用於解決對個人有意義的各種問題。行文至此，對於孝道、自主性與親子衝突建設性轉化模型所展現的雙元性與整合性，似乎仍以學術面的討論為主。但各理論中「一加一大於二」的雙元性，其實同樣可為日常生活提供啟發。各種不同的性格、信念、文化價值觀、行為模式、生活習慣等不僅可當作心理學的研究主題，更是最普遍的日常話題。我們在生活中思考或與人討論這些話題時，往往會直接援用對／錯、好／壞的判斷標準，提出某些描述、分析或評論。由於雙元架構的表面形式是將所有概念都區隔成兩面向，多數讀者常會不自覺地想要比較兩面向間的優劣異同，希望能找到其中較好、較有用處的成分，加以推廣宣揚。不過，作為心理學概念，無論是孝道或自主性的雙元面向，其實都在個體層次同時存在功能面、限制面。任何一種涉及統整二分對立面向的模型，其理論訴求都會以促成雙元面向之間的平衡為根本，而不是要宣揚推廣特定面向，以將自己或周遭人的性格改造得更完美無缺。

　　想在生活中扮演一位稱職的日常心理學家，確實需要不斷吸收更多的相關知識，不過這是為了要讓自己有更大的視野、更充足的包容力，有能力將關注焦點投向眼前種種人事物背後複雜糾結的成因脈絡，而不只是為了套用某些專業觀念而做出更快、更精準的判斷，或在欠缺溝通下，單方面地想將自己認為有價值、正確的觀念強迫推銷給他人。希望本書所介紹的各個理論，能為讀者從性格運作的角度打開一扇窗，讓大家既能看到文化與心理的共同作用，也能從不同的

本土性格概念與其他各種心理運作功能的延伸連結，看到一個能反映完整心理學意義的全人，帶來一加一大於二的雙元效應。

生活中的心理學家——知識是力量或權力？

　　本章以「雙元性」為主軸，針對前面介紹的三個華人本土性格理論架構的異同進行整理與比較，內容較偏向理論分析，和先前介紹理論內容的章節相較，也更抽象一些。說穿了，雙元性其實就是彈性化的思考，無論在學術研究上或日常生活中都值得應用。在前幾章中，雙元性是一種理論形式或概念化方式，有助於將原本單一文化視野下的概念內涵擴充得更完備。在本章中，雙元性則是以整合取代在兩種對立觀點中的優劣比較，除了孝道、自主性或親子衝突所包含的雙元面向之間彼此相輔相成，上述概念中的任一面向，對個人性格發展或心理適應而言，也並沒有絕對正面或負面的影響效果。花了這麼多的篇幅從學術知識的性質開始鋪陳，其實只是為了傳達：當我們希望在日常生活中應用任何科學或專業知識解決問題時，更需要多加留意知識本身的雙元性。

培根

「知識就是力量」這句名言，大家或許都耳熟能詳，其中「力量」一詞在培根（F. Bacon）的原句中是以 power 表示——同時兼具力量與權力兩種意涵。多數人會對心理學科普知識感興趣，除了自我充實，也常出自想解決各種人際相處上的困惑或問題、希望改變自己的性格或找到讓自己更快樂的生活方式；弔詭的是，原本吸收新知是為了開拓心胸、累積改變的力量，但在很多情況下，喜歡隨時跟上最新知識潮流的民眾，經常不自覺地在生活中搖身一變成為各種專業知識的仲介者，雖然其出發點是希望分享自己覺得有用的資訊，卻也容易因為認定自己已掌握了最專業、正確的知識，而自然流露出身為指導者的優越心態。

以孝道理論為例，在瞭解可將孝道區分為相互性、權威性兩種面向後，一旦遇到各種相關社會現象或生活中的親子關係問題，有些人或許就會開始以相互性、權威性兩種孝道面向來和當事人的行為作風做比對，將親子關係的癥結直接歸咎於重視權威性孝道的一方，並對其提出批評或勸說。如此一來，不僅又再度掉入二分法的陷阱，也讓有關雙元孝道的知識反過來限制了自己對整件事的理解與判斷方式，成為固

第1章

第2章

第3章

第4章

第5章

第6章

著於絕對標準的道德警察般，給周遭人帶來壓力。固然相互性孝道相對上較有助於個人的身心適應，但若有人表示自己重視權威性孝道，未必等於其個性僵固保守、不合時宜或「做錯」，即使直接糾正對方應該更重視相互性孝道，也未必就能馬上解決問題。既然權威性與相互性孝道是反映個人內在性格的心理學概念，就代表它們是某種長期累積的行為習慣，而權威性孝道的行為模式之所以能在某些人的生活中持續存在，正是因為在他們與父母或子女的實際互動經驗中，重視角色責任、家庭權力結構的想法或行動模式確實能有效解決問題，所以對方才認為這些觀念有存在的價值。

　　就如同其他生活習慣一樣，孝道是個人在日常生活中針對親子互動模式所形成的習慣，即使當事者有心改變，也不可能立即脫胎換骨成為另一個人。多數人並非因為不知道所謂「專家看法」、「最新知識」的內容，才固著於自己習慣的模式，而是認為這些觀念對自己的狀況不適用、對自己原本相信的價值觀造成威脅。當尚未深入瞭解對方的性格、家人互動歷史等背景脈絡之前，再怎麼熱心灌輸各種教養知識、親子互動訣竅，恐怕只會讓對方產生被專家權威壓迫的感受。普天下的親子問題看似雷同，但家家有本難念的經，想找出合適的解決方法，不僅要考慮親子雙方性格上的個別差異，就連不同家庭之間在結構、氣氛

上的差異也可能有所影響；即使對自己十分受用、有效的觀念或作法，卻未必能在別人身上發揮同樣的效果。藉由這個例子，也希望提醒對心理學有興趣的讀者，能從各種心理學知識中獲得助人、助己的力量，但在生活中仍要留意，別讓這股力量不小心蔓延成強迫他人改變的權力。

註釋

1. 見 Yeh, K. H., & Bedford, O.（2004）. Filial belief and parent-child conflict. *International Journal of Psychology, 39*（2）, 132-144.

2. 此處是從不同事件的發生機率來說明兩種孝道面向之間的關係。在機率的計算邏輯中，所謂互斥事件是指：當A事件發生時，則B事件不會發生；換言之，若兩個事件彼此互斥，則這兩個事件各自的發生機率並非彼此獨立，當其中一者可能出現的機率愈高、另一者可能出現的機率就愈低，這樣的關係在統計上就稱為負相關。以實際例子來說，若孝道的相互性與權威性面向是二元對立的，表示兩者之間應該彼此互斥、不會同時發生，在統計上則會對應呈現負相關。不過，以往的研究一致發現，相互性與權威性孝道之間穩定呈現中度的正相關，顯示這兩種孝道並非互斥對立，而是相輔相成的。

3. 見葉致芬（2005）。《孝悌楷模的家庭系統運作》。國立彰化師範大學輔導與諮商研究所碩士論文。

4. 見 Yeh, K. H.（2014）. Filial piety and autonomous development of adolescents in the Taiwanese Family. In D. L. Poston, Jr., W. S. Yang, & D. N. Farris,（Eds.）, *The Family and social change in Chinese societies*（Chap. 2, pp. 29-38）. New York: Springer Netherlands.

5. 見 Wu, C. W., Guo, N. W., Hsieh, Y. S., & Yeh, K. H.（2014）. The facilitating effect of need-supportive parenting on the change rate and adaptation of dual autonomy among Taiwanese adolescents, *Swiss Journal of Psychology, 74*（4）, 181-195.

6. 見吳志文、葉光輝（2015）。〈工作自主經驗與父母教養行為：雙元自主性促進因素的範疇優勢性檢證〉。《本土心理學研究》，43 期，3-54。

7. 見 Petty & Cacioppo,（1986）. The elaboration likelihood model of persuasion. In L. Berkowitz（Ed.）, *Advances in experimental social psychology, vol. 19*（pp. 123-205）. San Diego, CA: Academic Press.

8. 見許峻豪、鄭谷苑（2005）。〈圖像幽默理解歷程與雙路徑幽默理解模式〉。《應用心理研究》，26 期，117-142。

9. 見 Leung, K., Koch, P. T., & Lu, L.（2002）. A dualistic model of harmony and its implications for conflict management in Asia. *Asia Pacific Journal of Management, 19,* 201-220.

10. 見王智弘（2013）。〈從文化理解到含攝文化理論之建構：從助人專業倫理雙元模型到研究倫理雙元模型〉。《臺灣心理諮商季刊》，5 卷 4 期，vi-xii。

第1章
第2章
第3章
第4章
第5章
第6章

延伸閱讀文獻

葉光輝（2009）。〈再論華人孝道雙元模型的幾個關鍵性議題〉。《本土心理學研究》，32期，207-248。

葉光輝（2012）。〈青少年親子衝突歷程的建設性轉化：從研究觀點的轉換到理論架構的發展〉。《高雄行為科學學刊》，3期，31-59。

葉光輝（2013）。〈華人青少年的自主性發展：三項關鍵議題的探討〉。見葉光輝（編）：《華人的心理與行為：全球化脈絡下的研究反思》（pp. 191-214）。臺北市：中央研究院。

第 **6** 章

本土性格研究未來展望：回歸有心又有理的心理學

CHARACTER

本土性格研究未來展望：
回歸有心又有理的心理學

　　從哲學領域獨立出來的心理學，從獨立之初就以「科學」自居，強調針對人類的內在心理運作建立一套普遍法則，並據以預測、控制個體的行為。早期許多心理學理論的建構也都以「自然科學」作為參考樣板，例如：性格心理學家卡特爾（Cattell）即是受到化學領域「元素週期表」的啟發，而嘗試應用「因素分析」（factor analysis）這項統計技術找出組成個體性格的重要特質。在他的理論中，每種特質

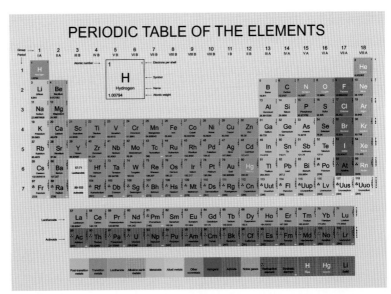

元素週期表

在統計分析結果中就像一個個獨立的「因素」，如同化學中的「元素」可組合成各種不同的物質，這些特質因素也能組成各種不同的性格。不過以「人」作為研究對象，終究和以「客觀物質世界」為研究對象的自然科學有所差異，心理學迄今的學術定位仍停留於社會科學與自然科學的交界，這雖然反映出心理學知識涵蓋範圍的獨特性，似乎也代表其「師法自然科學」的發展目標仍未竟全功。當代心理學的發展，大致就是在社會科學與自然科學之間持續拉鋸、平衡。

科學與文化：路線之爭或殊途同歸？

其中，強調心理學應該「更（自然）科學」的路線，除了將研究對象從「人」轉向「行為的腦生理機制」，引入更多「科學化」的測量儀器與工具；從2012年起，以美國學者為首所組成的非營利機構「開放科學中心」（Center for Open Science），也從科學心理學的研究方法基礎著手，重新檢驗已發表於頂尖學術期刊的一系列心理學實驗研究結果能否被再次複製[1]。該機構在2015年9月《科學》雜誌上發表的論文指出：在被選中重新進行實驗的各種心理學研究之中，大約只有將近四成的研究確實得到與原本相同的結果。而這樣的結果是否真的對心理學的科學定位造成危機，也已引發新一波論戰。來自哈佛大學的另一

哈佛大學校園

團隊就認為此研究在驗證過程中有不少技術性問題存在[2]。例如：實驗程序或樣本與原本的研究設計有落差、並非從選定的相關期刊中以隨機抽取方式來選擇要進行複製的研究等。不過其中最值得留意的原因莫過於，該機構選用的研究大都來自實驗結果原來就較不穩定的次領域，特別是社會與性格心理學，才導致心理學研究的可複製程度被低估。這樣論點隱約反映出：心理學的科學化似乎受到某些次領域的侷限而遲滯不前；而無法以實驗法確認因果關係的各種研究議題，嚴格來說甚至不被列入科學知識的鑑定範疇，直接被排除在前述「可複製性研究專案」的論文素材選擇範圍之外。

另一方面，強調心理學應該更關注「文化」的路線也持續前行，文化不僅逐漸成為廣受心理學各個次領域普遍重視的研究主題，更進一步扮演著影響科學知識產出過程與結果的重要脈絡。正如文化心理學者施韋德（R. A. Shweder）著名的「一套心智結構、多樣心態傾向」[3]觀點所言：個體固然擁有跨文化普遍存在的心智運作系統，但內在心智系統的運作模式與功能，卻會隨著個體所處的社會文化脈絡不同而呈現出各式各樣的心態。相對於科學化路線追求反映客觀事實、現象的不變定「理」；文化路線則希望認識、反映「心」靈世界本身的多樣性。這兩條路線或許一開始並非背道而馳，但兩者在各朝不同方向前進的過程中，科學化路線試圖從各種層面簡化研究對象的性質、提升測量的客觀性（透過精密儀器偵測無法由個人自行控制或造假的腦部活動情況），文化路線卻不斷增加研究對象的複雜度，而當概念的建構高度依賴文字表述，且必須透過研究對象的自我陳述加以驗證

第1章

第2章

第3章

第4章

第5章

第6章

（由個人主觀評定問卷題目陳述內容與自身實際狀況符合程度）時，就會讓各種心理與行為的測量誤差更難控制。這兩條路線表面上促成了心理學的知識版圖擴張，但似乎也為彼此埋下某些難以相互對話的根源。

　　本書開頭曾說明性格研究位於各種心理學次領域匯聚的核心，有助於統整認知神經科學、文化心理學兩種路線，進而為心理學指引出兼顧「心」與「理」的未來發展方向。不過，在上述有關心理學研究結果能否複製的論戰中，雙方陣營似乎也都認為社會與性格心理學是「科學性」最有待加強的次領域。本書所介紹的（華人）本土性格概念或理論，迄今在性格心理學領域仍屬於少數且非典型的性格概念，尤其本土概念往往標舉著對文化特殊性的關注，質疑主流心理學概念的跨文化普同性，這樣的訴求是否會影響本土心理學研究結果可被複製的程度，而使其難以躋身科學之列？以下將從脈絡化的性格變項這一角度，思考華人本土性格理論是否可能兼顧研究可複製性、文化多樣性，甚至在當紅的腦造影技術之外，走出另一條科學化的道路。

科學知識的生產脈絡：從研究程序到文化

　　在與西方學術界對話的過程中，各種本土心理學概念的性質及其存在的必要性，往往是其中最難說明的一環。心理學概念或理論的建構是否具有本土契合性，並非取決於理論發展者的國籍、種族，亦無法直接由研究的主題、方法來判定；而強調「文化特殊性」的概念也未必就具有本土意涵，

甚至可能為了突顯與其他文化的對比，反而落入既定的刻板印象。若使用主流心理學的語言來表達，所有的本土心理學概念其實都屬於「脈絡化的性格變項」，因為本土心理學概念或理論的主題，都是希望能反映出某種因應特定社會文化脈絡而形成的心理運作成分，這些成分可以「傳統」如孝道，也可以「現代而西化」如自主性，甚至可以「生活日常」如個人在親子衝突歷程中表現出的反應型態。在概念化的形式上，它可以是從獨特的文化生活經驗萃取出不同於心理學既有範疇的原創概念，例如：孝道、中庸、陰陽等概念，都已從華人本土性格研究領域邁入全球心理學界，成為心理學知識的一部分；也可以是修正或補充西方既有的概念或理論觀點；甚至未必需要馬上建立任何理論，只要研究者能夠透過變項的選用與組合，形成貼近在地生活經驗事實的研究概念與架構，則任何新興主題或社會議題都可以找到具有本土意涵的切入角度。這種概念與理論形式的多樣性，一方面反映文化本身多元綿密、滲透到生活各層面的運作特徵，另一方面也突顯出所謂的文化反思就是提醒研究者對各種既有研究概念或結果（無論其成立與否），隨時保持高度的警覺心。

　　對西方學界而言，研究結果難以複製總是先從資料造假（無論有意或無意）的角度開始思考。例如：前述開放科學中心團隊之所以針對研究結果可複製性進行檢驗，其終極目標即是為了推動心理學研究材料、程序與資料的完全透明、公開[4]，以杜絕科學知識生產過程中的種種弊端。不過對本土心理學研究者而言，研究結果無法被複製的成因，除了來自原初研究的科學程序有問題（例如：資料蒐集或分析過程有

瑕疵，導致研究結果不可信）外，也可以從進行複製的新研究這端共同思考，畢竟對已成立的結果進行重複驗證，往往是為了確認該結果能否概推到不同性質、不同文化脈絡的樣本上，而複製研究過程中的任何變動，都可能是重新評估理論適用性的重要線索。

　　臺灣出版的《本土心理學研究》期刊，就曾以西方學界針對個人如何看待死亡這一主題所發展的恐懼管理理論為範例，透過專題的形式，邀請多位國內學者分別探究研究成果的可複製性這一議題。從這篇專題的討論內容中不難看出：研究結果的可複製性原就是本土心理學非常關注的重要議題。相對於主流心理學從科學研究程序嚴謹性、研究倫理的角度，將問題朝研究者有意識的操弄資料來解讀，本土心理學者則是從理論的跨文化適用性來說明研究結果的可複製性。在本土心理學的觀點下，無法得到同樣的結果，除了把問題歸咎於對研究程序的複製不夠嚴謹或原本的研究結果有誤，也可能反映理論本身無法適用於來自不同社會、文化的樣本；甚至，即使是已被成功複製的理論與研究結果，也可能只是帶著另一種更難直接從統計形式察覺的文化偏誤，輕易將特定理論概念強加於其他文化樣本下所得到的偏差結果。因此，「科學化」不單只是從表面的統計程序或研究結果來判斷，理論本身在實際現象解釋上的契合度，其實更能反映出「理論本身是否真實」。

　　對本土心理學而言，無法被複製的研究並不等於毫無用處、必須作廢，只要能從中找出某些原本被忽視的文化盲點，既可對理論進行修正或補充以提升其解釋力，也可同時

擴充該理論在不同文化樣本上的適用性，真正反映出有意義的文化差異。在心理學知識建構上看起來難以協調的「科學性」、「文化多樣性」兩條路線，其實正是本土心理學理論建構與發展的一體兩面，也是此一取向研究者的核心訴求。

科學裡的一字之爭：理論語言的重要性

曾有學者形容本土心理學處在「主流心理學的正統術語」與「現象世界中的生活經驗」兩者的夾縫間，並嘗試為那些在西方心理學知識中有實無名、甚至被冠以錯誤名稱的生活經驗重新正名[5]。在追求正名的過程中，本土心理學研究者往往需要自行創造更適用於描述這些生活經驗的概念或詞彙。這樣的做法常被解讀為對西方學術霸權的抵抗，但從理論建構的角度而論，自創概念其實是為了達成更好的溝通與相互理解的必要手段。在閱讀前面各章所介紹的華人本土性格理論的過程中，多數讀者可能已感受心理學知識的某些特殊性質，其既沒有一般科學知識常見的計算公式或推導，所提及的概念也欠缺足夠精準的定義，而似乎必須透過長篇大論的文字論述，特別是對許多細微差異的具體闡釋，才能清楚地說明概念內涵。這種知識呈現方式固然和本土心理學在學術對話中的邊陲位置有關，但即使是最常在主流研究中被使用的心理學概念（例如：幸福感、憂鬱、自尊等），同樣也尚未發展出全球學者共同認可與採用的唯一定義或測量方式。由於研究對象本身的特殊性質（具有主觀意識、不斷地調整與建構新的自我），各種心理學概念（例如：憂鬱程

度）確實永遠無法達
成物理上真正客觀的
測量（例如：身高）。
相對於自然科學，心
理學較為寬鬆的概念
界定方式，除了讓各
種概念都同時包含多
元化的定義，也難以
找到絕對的判斷標準

如果心理學的評量可以像測量身高具有一致
的客觀性，那麼問題就會少很多

來評估各種定義的對錯優劣，如此一來，心理學知識的「科
學性」，以及不同典範之間的交流或競爭，最終仍需要回到
概念化與理論論述的細緻程度及其對所處文化社會的實用性
（usefulness）上進行評估。

　　在近代量子力學的發展過
程中，海森堡的矩陣力學與薛
丁格的波函數，分別從電子繞
原子核運轉軌道的力學特性、
物質波兩種路徑建立起不同性
質的力學理論，雖然兩個理論
之間彼此相互競爭，但最終仍
可透過計算證明兩者是可彼此
轉換的等價理論。相對於量子

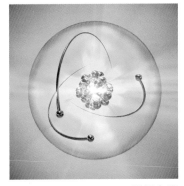

量子力學

力學繁複的假說與運算過程，現今多數心理學概念或理論雖
然顯得十分平易近人，然而，實際上各種相似、甚至名稱完
全相同的心理學概念，卻很難如同上述兩套量子系統表述方

第1章
第2章
第3章
第4章
第5章
第6章

式般徹底達成真正的整合。當相互競爭的理論之間只能依賴文字論述進行學術辯論，只要其中一方並非以相互理解、共同推動知識進展作為溝通目標，所謂的學術交流或辯論就很容易流於文字遊戲。

以第三章所介紹筆者發展的雙元自主性模型為例，此模型發展初期，在理論建構上並沒有遇到太大的問題，初步的理論驗證結果也符合假設預期，並在華人學術社群與亞洲的國際期刊中順利正式發表；直到進一步完成理論的跨文化效度驗證研究，將文章投稿到美國主流心理學期刊後，才首度面臨對有關理論內涵的質疑。在審查過程中，一位持自我決定論觀點（西方主流的自主性理論）的匿名審查者直接表達：由於雙元模型並未直接測量行為動機的內化程度，所討論的概念還不到自我決定論所謂的「autonomy」（自主），若作者願意將原本的概念更名為自主層次較低的「agency」（能動性），則審查者就可接受雙元模型的理論架構而讓文章發表。若只考慮盡可能爭取出版機會，這樣的審查意見或許是容易解決的，因為只需要將檔案中所有 autonomy 一詞全數用 agency 來取代，就可以達成目標了。但從本土心理學理論建構的角度審視，這樣的審查與修改意見就像是純粹的文字遊戲，它試圖透過某個理論提出的定義，獨占 autonomy 這一概念的合法使用權。從迄今仍存在的雙元自主性這一理論模型名稱可知，當初筆者並未選擇修改用語這條捷徑，而為了回應審查意見，最終還提出了比原本投稿論文更長篇幅的深入論述，並特別將西方學術文獻中（包含自我決定論提出者的幾篇重要研究），agency 與 autonomy 兩個概念在理論定義上的重疊性，以及兩者在論述上高度的交互使用，一一整理

羅列，以作為說服審查委員的輔助證據，最後才獲得發表。由此可知，統計分析結果符合預期雖是理論得到證實的第一步，但文字論述對於心理學理論最終能否被相關學術社群接受，仍有不可取代的重要性。

理論語言遣詞用字上的重要性，不只存在主流與非主流的學術論辯中，也存在於非西方學術社群內，不同社會的本土心理學者也應該對文化多樣性的差異有更深入的思考。長期以來，跨文化研究取向一直以東、西方文化的主要差異作為基礎，設定出集體主義／個體主義的文化對比架構。不過，華人的行為模式固然與西方個體主義文化有所不同，但與亞洲社會（如：日本）相較，卻也並沒有那麼重視「集體性」，甚至還曾被比喻為「一盤散沙」。若只繼續沿用個體／集體主義之對比架構，似乎難以對華人本土心理現象有更深刻的理解。從更精細的理論語言來審視，個體與集體主義其實同為人類基本的價值取向，所有人終其一生都在這兩種價值取向之間尋求平衡，而華人心理與行為的運作特徵則更接近「關係主義」──以互動對象與自己的關係遠近作為判斷與選擇的依據，而非以維護集體的價值為優先。以日本學者提出的獨立我／互依我概念為例，華人僅對關係親近者（家人、自己人）才偏向以互依我運作，至於與其他人（陌生人、外人）互動時則偏向獨立我運作；相對而言，日本人整體上較偏向互依我運作（這或許反映出提出此概念的日本學者是基於從自身文化經驗來思考東、西方文化的差異對比），互依我的運作對象是同時涵蓋自己人與外人的「集體」，因此其社會氛圍更要求服從集體、與集體相一致。

在日常語言中，集體主義與「重視關係」兩者的意思似

乎沒有太大差別，若沒有進一步的文字說明與舉例，並不容易區隔出兩者在心理學知識體系中的意義與功能。儘管理想中各種概念的科學定義應該簡潔明快、毫無誤差，但對心理學知識而言，「科學性」的核心或許更在於透過充分的論述，讓概念的命名與定義不至於困在過度簡化而抽象的字面意義中，且能夠貼近研究對象在實際生活經驗中的感受，清楚地描繪這項心理成分具體的運作細節與結果，避免與其他概念或日常詞彙相互混淆。因為唯有如此，才得以確保概念本身的意義清晰到足以進行有建設性的討論與實徵驗證。

無腦的心理學？無心的腦理學？以心為理的腦科學？

在心理學最近一次的腦科學轉向影響之下，愈來愈多認知神經科學研究者，在研究大腦不同區域負責的基本功能（例如：視覺、聽覺、語言、恐懼等對人類生存有重要影響的基礎功能）之外，也開始試圖對各種原本多半隸屬於人文社會科學領域的研究主題提出科學化的分析。以有關愛情的研究為例，自 1960 年代起美國就已有心理學者嘗試對愛情進行科學研究（如 Berscheid & Hatfield, 1969; Berscheid, Dion, Walster, & Walster, 1971），但當時美國的

愛情是可以研究、測量的嗎？

國會議員強烈反對國家科學研究基金資助此計畫。其中，民主黨參議員艾德華・威廉・普洛克麥（E. W. Proxmire）曾在1975年至1988年間，每月自行評選Golden Fleece獎，頒給他認為最浪費納稅人的錢的單位，首度獲獎的就是美國國家科學基金會，理由是其獎助許多不必要的研究，普洛克麥列舉的例子之一即是貝爾謝德（Berscheid）、哈特菲爾德（Hatfield）獲得獎助的愛情研究。在政治壓力和媒體討伐下，哈特菲爾德被美國國家科學基金會暗示別再申請關於愛情的研究項目；貝爾謝德則差點失去當時在明尼蘇達大學的教職。普洛克麥曾如此回應：「我反對這項研究，不僅因為沒有人能說明白愛上一個人是個科學問題；也不僅僅是因為我確信：即使資助他們八千四百萬美元或是八百四十億美元，也研究不出任何可以讓人相信的結果。而且，我反對的是，我不需要任何人告訴我為什麼會愛上一個人。我相信，兩億美國人想保持某些事情的神祕性，最重要的是，我們不想知道為什麼一個男人會愛上一個女人，反之亦然。」[6]這段聲明雖然值得深思，不過卻沒有阻斷科學研究將愛情這一主題納入其麾下，時至今日，哈特菲爾德與貝爾謝德不僅被視為愛情心理學或親密關係科學（relationship science）的先驅（見Reis, Aron, Clark, & Finkel, 2013），愛情與親密關係也已成為心理學界普遍且熱門的主題，各式各樣的科普資訊推陳出新，各種影響戀愛感覺的神經傳導激素、對應腦區也都逐漸被解密[7]。但我們似乎也必須承認，如同當年那位美國議員的激昂陳詞，科學研究成果並不能提供一套明確的指導原則來教我們該如何談戀愛、如何控制或預測自己或他人的戀愛感覺與行為，也無法確保親密關係能長久延續。戀愛、各種人

際關係的品質都必須取決於雙方的共同運作，也就是雙方都需要自然地表達自己、依自己的意願與風格行事，絕非單方面做足功課或要求每個人都依科學建議的方式調整成某種完美模式就能達成目標。我們不妨想想：當自己得知另一半的所作所為只是根據科學研究的建議表現出最可能讓戀愛成功的行為模式，即使對方的言行舉止確實帶來了正面愉悅的感受，是否不免會疑惑：自己究竟是被當成一個「戀愛對象」或是一個「獨一無二的個體」來對待？

　　早在 10 年前就曾有歐洲心理學家宣稱發現「愛情靈藥」[8]——一種與熱戀感受有關的神經生長因子蛋白質，當時該研究團隊也認為未來有希望發展出可控制、引導個人情感的類似化學藥物。當然，10 年之後的現在還沒有任何經由人工合成的「愛情靈藥」出現在市面上；但假設真有科學家研發成功，我們真的會想要運用這樣的萬靈丹來得到或維繫一段感情嗎？又是否會抗拒自己無意間被下藥而「不由自主」地墜入情網呢？即使科學家們研發愛情靈藥的本意，是希望婚姻不再淪為愛情的墳墓，讓在長期相處下感情逐漸歸於平淡的伴侶們能重燃熱戀感受，但這樣的解決方式會不會也掩蓋了雙方相處上真正的問題？如果愛情是只要按時服用藥物充電就能維持運作的大腦活動，再強烈的感受似乎都已不是各種文學與藝術作品長久以來所歌頌的愛情了。而凌駕於個人自由意志之上，可以完全控制個人感受與行為的愛情靈藥，究竟更接近科學還是巫術呢？

　　從愛情的腦科學研究成果來看，認知神經科學研究者所謂的「心」，和性格心理學家或一般大眾所想要瞭解的個人獨特的內心世界，有一定程度的差距；讀者們不妨試著以英

文裡 mind（心智）、heart（感情）兩者的差異，來想像「心」可能涵蓋的內容。Mind 的運作，對應於某些具神經生理基礎的基本運作區位或路徑，它也包含個體對某些簡單物理刺激（例如：對聲音、視覺、觸覺等基本刺激的知覺機制；或這些刺激中更具體的單一屬性，例如：對色彩、文字的辨識機制等）的內在處理機制或規則，但研究者關注的往往是全人類共通的神經生理運作基礎，至於人與人之間可能的差異則出自於刺激性質的不同，而非個人自覺的選擇。例如：西方拼音文字與華人表意方塊字由於文字本身性質的差異極大，因此，華人與歐美人對文字辨識的處理歷程也有不同。Heart 的運作，則更重視個人自覺的選擇與意義詮釋，各種性格概念的測量，其實都有賴文字的表達與理解，但性格卻絕不是分析個人對文字辨識、閱讀、意義轉換的運作歷程或對應活動的腦區就能解釋，當心理學的內容只剩下 Mind 的運作，甚至將情緒、情感、整體的自我詮釋也都一一轉化為電生理刺激的格式，納入 Mind 的討論範疇下，最後得到的究竟會是一個更分裂或更完整的個體，實在值得深思。

目前認知神經科學研究自詡能為既有的心理學理論補上更多科學化的證據基礎，各個心理學次領域也都積極地結合腦科學或各種腦造影技術，深怕在這波潮流中淪為「無腦的心理學」。但腦生理活動並非心智運作系統本身，充其量只是心智功能運作過程中的生理軌跡，即使在個人進行各種心理或思考活動時透過腦造影技術找出一系列對應的活化腦區，也未必就等於瞭解了人的心理世界。各種心智運作最重要的功能莫過於，讓人透過對生活世界中一切人事物的理解，體認自身存在的意義；腦理學看似可對各種行為表現提供最終

解釋，但這樣的「科學解釋」卻難以在個體的生活經驗中產生意義。

例如：目前研究已發現：同理心是由大腦中的鏡像神經元的活動所產生[9]，不過，「同理心」之所以對人有意義，成為在某種特定人際情境下特別容易展現的行為模式，甚至成為某些人在人際互動模式上的主要特徵，往往源於同理心運作過程中不斷累積的自覺感受或經驗；這些感受與心理意義都必須一再透過語言表述，才能讓「同理心」逐漸成為對個人具有重要意義的概念或行為傾向。一旦將這些自覺的意義與感受排除在心智運作歷程的探討之外，只保留隨著實際行為表現同步活化鏡像神經元，或許可以建構出將心理運作步驟一一定格、分割的腦理學，但剝奪了個人對自身行為意義的解釋權後，或許也將成為與日常生活漸行漸遠的無心的腦理學。

心理學試圖理解的「人」，並不單純只是依照神經生理本身的客觀規則、機制運作的「有機體」，而是能由自己決定如何對一切人事物賦予意義的「主體」。延續前一段「同理心」運作的例子，對於不易理解他人情緒感受的自我中心主義者，或更嚴重的反社會型犯罪者，從腦科學研究的角度，可能會將問題歸諸於鏡像神經元的缺損，以及大腦中負責掌管同理心與道德的部分體積較一般人小，才導致這些人欠缺同理能力，也就是以個人無法自主控制的生理缺陷來解釋缺乏同理心的原因。不過，如果換一個場景來思考，在同樣看到路旁有人受傷的情境中，有些路人會假裝沒看到而快步離去，有些人則可能上前瞭解狀況、提供幫助，這也顯示人（至少在某種程度上）還是有選擇能力，透過自己主觀的判

斷來決定在當時的情境下適不適合、要不要發揮同理心。這樣的差異其實是在告訴我們:同樣是以同理心作為研究主題,腦科學研究的焦點是找出當人正在表現同理心態度或行為的當下,大腦的同步運作情況;但性格研究的焦點則是希望能瞭解為什麼個人內在的「同理心」的開關會被觸動(讓行為發生的動機)、觸動之後又會出現哪些外在的行為表現(有哪些常見的表現方式或特別的行為模式)等,因此被當成性格特質的「同理心」,包含的是一套跨越時間與情境,且透過各種相關經驗不斷累積而成的心理與行為歷程,大家都可從生活互動中察覺出周遭人在同理心的表現上是高或低、帶有哪些個人化的表現習慣。腦科學研究雖然也會針對具有同理心的一般人、極度缺乏同理心的犯罪者這兩類人的大腦結構進行比較,以找出兩群人在大腦結構上差異最明顯的部位,但這種研究方式其實只是透過某些欠缺同理心功能的特殊個案作為對照,重點仍在於找出「負責同理心運作的大腦部位」,以便單從特定腦區有無缺損或體積尺寸是否符合一般標準,就能立刻判斷出某人有沒有同理心、正不正常;這樣的思考邏輯,和性格研究所關注的「一般人在同理心特質表現上的個別差異」依然有所不同。

在心理學研究的科學化進程中,各種檢驗或實驗最重要的核心,或許還是一套以「完整的個體」作為心理運作基本單位的理論根據,如此才可能使各種腦造影與神經傳導機制研究中的「人」,不至於淪為完全受生理機轉決定的「客體」,否則在「無心的腦理學」單方面的解釋下,人們的各種心理與行為總有那麼一點不由自主,除了仰賴科學家繼續發展出可改造或控制大腦活動的技術,似乎就找不到其他更有

效的方法來解決各種心理或性格問題了。

　　在無腦的心理學與無心的腦理學這兩種選項之外，腦科學與既有的性格理論能否找到達成實質整合的其他路線，終究取決於兩套理論語言之間的轉譯程度。腦科學本身的神經生理語彙在操作形式上相對較為客觀，腦生理活動的測量結果也無法透過人為控制偽裝或造假，適合作為生理層次的「證據」來源；但能兼顧個人自覺的意義（心）、相對穩定的個別差異分類系統（理）的性格理論，在理論層次上較適合作為引導研究方向與研究設計的基礎。不過目前這兩套理論語言的整合，還是以配合腦科學的操作精準度為優先考量。以筆者的經驗而言，在研究設計的邏輯上，腦照影技術確實適合用來為某些表面行為看來類似、內在運作動機卻不同的脈絡化性格概念提供額外證據。不過目前腦造影技術的發展，在區隔大腦各部位的功能區隔精細程度仍有很多限制，通常必須要將想探討的心理歷程清楚切割出認知與情緒兩種運作階段，較容易在時間極短暫的心理歷程運作中，看出大腦活動區位的變化。但多數性格概念所描述的心理運作同時涵蓋了認知與情緒成分的交互影響，不容易也不適合透過實驗程序拆解為兩個各自獨立、一前一後的運作階段，再加上華人本土性格概念多半又涉及高階認知—情緒運作、內涵較細緻微妙的各種人際或社交功能，在現階段也就更不容易轉換為適合由腦照影技術進行驗證的實驗程序。舉例來說，恐懼就屬於與生理反應連結較密切的基本情緒，即使是語言能力尚未發展成熟的孩童也能表現出這類情緒反應，而「惆悵」雖然也是某種情緒或情感狀態，但卻必須具備足夠細膩的語言表達能力與自我覺察能力，才可能掌握此種曲折隱

微、清淡而綿長的情緒，在實驗室中也只能將之簡化為較容易透過一般常見的情境刺激引發出來的情緒類型（例如：失望、悲傷）。當然，性格理論除了可作為腦照影技術改良的目標或方向，也必須在既有的研究基礎上，不斷對理論本身進行反覆檢驗或適當的修正、擴充，當理論本身對於某個性格概念在各種生活現象中的完整運作歷程，有更充分的觀察與理解，也就有更多具體線索去思考，如何將理論內容轉換成適用於不同驗證方法的研究素材。

個別差異的真諦：只有更理解、沒有最理解

　　本書從開頭就不斷強調性格研究在心理學領域的特殊性與重要性，似乎將性格概念視為解讀個人心理獨特性的最佳利器。然而，各種性格概念雖是針對人與人之間最重要的個別差異進行基本分類，但無論最本土化或最跨文化的性格概念，都無法真正對單一個體行為做出完美預測或解釋，在這些概念之外，總還有某些難以由任何既有概念加以界定的成分（例如：各種單純的偶發因素），同時一起影響個人內在的整體心理運作系統。因此，在學術研究中，學者們透過自己提出的概念對人們在心理運作上的重要差異做出有意義分類，但也同時承認仍保留了某些無法解釋的比例。即使在某概念架構下被歸類為同一型的人們（例如：都屬於外向型、神經質型），其心理運作與行為模式也並非像機器人般完全相同，而只是呈現大致相同的趨勢；至於個人實際行為傾向中無法被特定性格分類概念加以解釋的部分，則反映出每個人難以被科學複製的獨特性。

　　換言之，在性格心理學中其實有兩層個別差異：第一層的個別差異是研究者根據人們之間可被觀察到的差異所提出的分類概念，就像我們在生活中也很容易覺察出某些人跟自己是同一類人，彼此特別契合、談得來；至於第二層的個別差異，則只能透過長期與某一個體深入互動溝通，且透過其對自己行為意義的詮釋加以確認，才能略知一二（但仍無法完全精準掌握）。這就像生活中再合得來、有默契的朋友或情人，也不可能在所有事情上永遠都有相同意見或感受，或許在某些狀況下可以準確猜中對方的想法或反應，但沒有人能永遠完全掌控對方的內心狀態與行為，畢竟每個人都有就連自己也未必瞭解的部分。因此，各種性格概念（包含本書所介紹的三個華人本土性格理論），其實只是在拓展對人類心理與行為的可能解釋角度；若在生活中將這些性格概念視為絕對的分類架構，認為只要得知對方屬於哪一類型性格，就能完全掌握他的想法或行為，其實在某種程度上仍誤解了個別差異的完整意義，忽視了每個人性格中最難以預知的那一點點獨特性。

　　心理學研究的主要訴求並非針對單一個人達成深入而獨特的理解，而是從個體層次切入理解「人類」的內在心理運作。然而，會讓一般讀者想要應用心理學知識加以解決的生活情境，經常是為了弄清楚某個特定對象的行為模式或動機（不管是家人、朋友、戀愛對象、職場同事等），以便做出適當的回應或決定。因此，心理學相關理論雖然來自對生活現象的觀察與探索，但當某個人試著將這些知識或研究結論應用到自己周遭的生活情境時，總是存在某些微妙的落差。本土心理學的思考方式，就是在面對各種解讀「人類」內在

心理運作的理論時，根據自己真實的生活經驗，找到一個「文化」的切口，仔細審視、突破各種理論概念或性格分類方式在解釋上的極限，讓「人類內在的心靈世界」得以展開更多可繼續探索的空間。儘管在實際的學術研究中，所謂的「文化」多半是以民族、國家為基本單位，但本土心理學式的思考邏輯已隱含著：任何來自個人成長與生命歷程所形成的「生活經驗脈絡」，都可能在某種程度上鬆動各種既有理論概念的邊界。希望透過本書的引介，能讓讀者從不同角度感受到本土心理學式的思考，如何透過理論語言將自身的文化視野調整到適當的焦距，同時在對他人心理與行為的解讀上保持真正的開放性。

假如心理學家是偵探

近年來，各種犯罪調查相關影集廣受歡迎，那麼和探討犯罪過程真相的鑑識科學家們相較，如果將心理學家視為「挖掘人類內心運作真相」的偵探，究竟幫助心理學家順利破案、避免造成冤案的重要關鍵會是什麼呢？在各種犯罪現場調查的影集中，觀眾們最

犯罪調查的鑑識過程需要理論引導，一如心理學研究需要理論作為基礎

感興趣的莫過於各種先進的科學鑑識技術，透過這些儀器神乎其技的分析、比對，科學家們就能拆穿各種謊言與隱情，拼湊出真相。不過如果留意劇中情節與對白安排，或許會發現，再厲害的科學家往往也無法一次就找到關鍵證據，而是在各種嘗試與失敗之間重複思索、逐步修正，才得以成功描繪出事件全貌，而其中推動劇情轉折的重要關鍵經常是這句：「I have a theory⋯」；沒錯，重點就是「理論」。劇中人物基本上會先就少數已知的線索，形成初步的「理論」，再根據這個理論，進行下一步必要的分析；有時在劇情中不時也可看到同個實驗室的合作夥伴，各持不同的理論而彼此競爭，甚至看似矛盾的兩個理論，最終也可能因為新證據出現而相互串聯。這也正是本章與本書所想強調的，在拼湊人類心理運作真相的過程中，性格心理學提供的「理論」，雖然未必完全正確，甚至可能有許多相互爭論的意見存在，但根據對生活現象與人類整體行為傾向的深入觀察所提出的初步理論，不僅是引導科學家們尋找證據、發現真相的基礎，也讓一般人同樣能透過日常生活的互動溝通，將這些性格理論或概念用來驗證、修正自己在解讀人們行為動機上的可能限制，進而更理解、接納自己與他人，這是再先進的腦照影技術也無法取代的。

1. 可複製性（Replicability）：是現代科學知識的重要判斷標準之一；任何人只要按照原本研究者所使用的研究程序，重複進行同樣的研究，都應該要能得到相同結果，如此才表示研究得到的結果是真正可信、穩定，且受到客觀的實際證據支持。開放科學中心於《科學》雜誌發表的論文可參見：Open Science Collaboration.（2015）. Estimating the reproducibility of psychological science. *Science, 349.* [DOI: 10.1126/science.aac4716]。

2. 見 Gilbert, D., King, G., Pettigrew, S., & Wilson, T.（2016）. Comment on ʻEstimating the reproducibility of psychological science'. *Science, 351,*1037a. [DOI: 10.1126/science.aad7243]。此團隊後續還有兩篇與可複製性議題有關的延伸評論，皆發表於作者於哈佛大學的個人網頁，篇名分別為：〈A response to the reply of our technical comment on ʻEstimating the reproducibility of psychological science'〉與〈More on ″Estimating the reproducibility of psychological science″〉，有興趣的讀者可自行上網搜尋全文內容。

3. 原文為「one mind, many mentalities」，見 Shweder, R. A., Goodnow, J., Hatano, G., LeVine, R. A., Markus, H., & Miller, P.（1998）. The cultural psychology of development: One mind, many mentalities. In W. Damon & R. M. Lerner（Eds.）, *Handbook of child psychology: Vol. 1 Theoretical models of human development*（pp. 716-792）. New York: Wiley.

4. 開放科學中心目前免費提供一套名為「開放科學架構」
（Open Science Framework, OSF）的雲端服務，主要讓研
究者便於儲存與管理不同研究階段所累積的一系列相關資
料，但開放科學中心研究團隊的領導者 Nosek 教授，最終
目標仍是希望促進這些研究資料與研究過程的公開，以達
成其名之為「科學烏托邦」的願景。有興趣的讀者只要
於 Google 搜尋 Scientific Utopia 這一關鍵詞，即可連結到
Nosek 闡揚其理念的相關論文。

5. 見 Sundararajan, L.（2015）. *Understanding emotion in Chinese
culture: Thinking through psychology*. New York, NY: Springer.

6. 此段美國議員回應內容的中譯引述自 https://en.wikipedia.
org/wiki/Golden_Fleece_Award。至於當時飽受批評的愛情
研究內容可參考下列兩篇文獻：Berscheid, E., & Hatfield, E.
(1969). *Interpersonal attraction*. New York: Addison-Wesley 與
Berscheid, E., Dion, K., Walster, E., & Walster, G. W. (1971).
Physical attractiveness and dating choice: A test of the matching
hypothesis. *Journal of Experimental Social Psychology, 7*,
173-189. 至於學界目前對 Hatfield 與 Berscheid 的學術地
位評價可參見下列文獻：Reis, H. T., Aron, A., Clark, M.
S., & Finkel, E. J. (2013). *Ellen Berscheid, Elaine Hatfield,
and the Emergence of Relationship Science. Perspectives on
Psychological Science, 8*(5), 558-572.

7. 有興趣的讀者，有相當多的資訊。此處也附上兩篇較早
期的論文，以讓讀者瞭解有關愛情的腦科學研究其實盛
行已久：Bartels, A., & Zeki, S.（2000）. The neural basis of

romantic love. *Neuroreport ,11*（17）, 3829-3834. 與 Bartels, A., & Zeki, S.（2004）. The neural correlates of maternal and romantic love. *NeuroImage, 21*, 1155-66.

8. 此為義大利學者 10 年前的研究，見 Emanuele, E., Politi, P., Bianchi, M., Minoretti, P., Bertona, M., & Geroldi, D.（2006）. Raised plasma nerve growth factor levels associated with early-stage romantic love. *Psychoneuroendocrinology, 31*（3）, 288-294.），當時的相關新聞以「發明愛情藥」為題進行報導（可參考 http://big5.huaxia.com/xw/zh/2006/00488483.html）。

9. 鏡像神經元的運作方式可參見「科技部高瞻自然科學教學資源平臺」中的相關簡介，連結網址為 http://highscope.ch.ntu.edu.tw/wordpress/?p=54791。

延伸閱讀文獻

1. 對心理學研究可複製性議題有興趣的讀者，可參考 2012 年出版的《本土心理學研究》第 38 期中的一篇專題，其以西方恐懼管理理論作為具體範例，探討心理學研究可複製性議題，完整的專題內容共包含一篇介紹該理論發展現狀的靶子論文、四篇相關評論，以及作者對評論意見的回應等一系列文章；亦可參考臺灣《科學月刊》上針對研究可複製性論戰提出的延伸說明。

顏志龍（2012）。〈渴望心理學的科學革命：從「恐懼管理理論」的研究歷程反思心理學研究之現狀〉。《本土心理學研究》，38 期，103-129。

黃光國（2012）。〈由「渴望」到「行動」：論心理學的科學革命〉。《本土心學研究》，38期，131-149。

林以正、張硯評（2012）。〈跨文化的重複驗證：形式或實質？〉。《本土心理學研究》，38期，151-156。

張仁和（2012）。〈無法複製是理論的終點抑或起點？〉。《本土心理學研究》，38期，157-165。

夏允中、越建東（2012）。〈以佛教的死亡本質及生命無常觀點來探討死亡恐懼〉。《本土心理學研究》，38期，167-187。

顏志龍（2012）。〈百年後的心理學家將如何看待現在的心理學研究？〉。《本土心理學研究》，38期，189-201。

吳佳瑾（2015）。〈科學研究現危機——多數研究結果都不可信？〉。《科學月刊》，551期，818-819。

2. 對華人本土心理學的學術定位、多元化研究方式，及其在全球化趨勢下的未來發展方向有興趣的讀者，可參考筆者主編的學術專書，其中共收錄了九篇涵蓋方法論、理論建構、新興議題研究成果等不同性質的研究論文；筆者為此書所撰寫的導論，也特別說明這些論文如何共同呈現出華人本土心理學全球化的可能樣貌。

葉光輝（2013）。〈導論〉。見葉光輝（編）：《華人的心理與行為：全球化脈絡下的研究反思》（pp. 1-24）。臺北：中央研究院。

　　本專書之主要創作來源爲科技部補助之人文及社會科學專題研究計畫重要研究成果爲主要素材，内容包含以下：

計畫年度	主持人姓名	執行機構	計畫名稱
2011~2013	葉光輝	中央研究院民族學研究所	青少年親子衝突歷程的建設性轉化初探（三年期計畫；執行起迄：2011/08/01~2014/10/31）
2008~2010	葉光輝	中央研究院民族學研究所	親子衝突與青少年内、外化問題行爲：負向情緒激發中介歷程與衝突類型、孝道信念的調節機制（三年期計畫；執行起迄：2008/08/01~2011/09/30）
2007	葉光輝	中央研究院民族學研究所	子計畫三：個體化與關係自主性：華人青少年的兩種自主性發展取向的構念效度研究（4/4）
2006	葉光輝	中央研究院民族學研究所	子計畫三：個體化與關係自主性：華人青少年的兩種自主性發展取向的構念效度研究（3/4）
2005	葉光輝	中央研究院民族學研究所	子計畫三：個體化與關係自主性：華人青少年的兩種自主性發展取向的構念效度研究（2/4）
2004	葉光輝	中央研究院民族學研究所	子計畫三：個體化與關係自主性：華人青少年的兩種自主性發展取向的構念效度研究（1/4）
2003	葉光輝	中央研究院民族學研究所	雙元性孝道信念、親子衝突與身心適應

國家圖書館出版品預行編目(CIP)資料

從親子互動脈絡看華人性格的養成/葉光輝
著. -- 二版. -- 臺北市：五南圖書出版股份有
限公司, 2024.06
　面；　公分
ISBN 978-626-393-083-4(平裝)

1.CST: 性格 2.CST: 民族性 3.CST: 中國

173.761　　　　　　　　113001833

1BI4

從親子互動脈絡看華人性格的養成

作　　者－葉光輝

發 行 人－楊榮川

總 經 理－楊士清

總 編 輯－楊秀麗

副總編輯－王俐文

責任編輯－金明芬

封面設計－姚孝慈

出 版 者－五南圖書出版股份有限公司

地　　址：106台北市大安區和平東路二段339號4樓

電　　話：(02)2705-5066　傳　　真：(02)2706-610

網　　址：https://www.wunan.com.tw

電子郵件：wunan@wunan.com.tw

劃撥帳號：01068953

戶　　名：五南圖書出版股份有限公司

法律顧問　林勝安律師

出版日期　2017年1月初版一刷
　　　　　2024年6月二版一刷

定　　價　新臺幣450元

經典永恆・名著常在

五十週年的獻禮——經典名著文庫

五南，五十年了，半個世紀，人生旅程的一大半，走過來了。
思索著，邁向百年的未來歷程，能為知識界、文化學術界作些什麼？
在速食文化的生態下，有什麼值得讓人雋永品味的？

歷代經典・當今名著，經過時間的洗禮，千錘百鍊，流傳至今，光芒耀人；
不僅使我們能領悟前人的智慧，同時也增深加廣我們思考的深度與視野。
我們決心投入巨資，有計畫的系統梳選，成立「經典名著文庫」，
希望收入古今中外思想性的、充滿睿智與獨見的經典、名著。
這是一項理想性的、永續性的巨大出版工程。
不在意讀者的眾寡，只考慮它的學術價值，力求完整展現先哲思想的軌跡；
為知識界開啟一片智慧之窗，營造一座百花綻放的世界文明公園，
任君遨遊、取菁吸蜜、嘉惠學子！